就活女子

ツカダマモル 編著

ナカニシヤ出版

まえがき

本書は、ゼミの学生たちの就活のストーリーを書いたものです。**一般的な就職マニュアル本ではなく、学生たちの実態を、本人たちの「声」を中心にまとめたものです。**ここで書かれているストーリーは、**学生たちと私との対話から生まれた共同作品です。**

「不安とチャレンジ精神の間で葛藤する体験」を「就活の物語」として、学生の皆さんの「声」を中心にまとめたこの本は、今、就活真っ只中の人、これから就活をしようとしている人、就活中の娘をもつお父さん、お母さん、大学関係者、企業の人事担当者に贈るために書きました。

就活が順調に進んだ「勝ち組」の人にはたぶん、必要ない本だと思います。自分の将来に不安を感じ、**「就職どうしよう！」**と心の中で叫んでいる学生の皆さんへの役立つメッセージになることを願っています。「就職マニュアル本」を読み、「キャリアサポートセンター」で面談してもなお、就職の決まらないあなたへのエールのつもりで書きました。

就職相談で、さまざまな学生の皆さんの「声」に耳を傾けました。その「声」を今就活している人、あるいは、これから就活をしようとする学生の皆さんに伝えることが、この本を書いた私の目的です。彼女たちの「声」に共感し、時には、癒され、就活が楽になると思います。そして、彼たちの就活物語は、就活が行き詰った時、あなたへの道しるべとなるでしょう。

学生の皆さんの就活を見ていると「大変だ！」「辛そう！」という気持ちになることがよくありますが、この就活体験を通して、学生の皆さんがたくましく、イキイキ活動していることにも感動することがありました。**これほどまでに真剣になれる就活は、学生の皆さんの人生の貴重な体験になること間違いないです。**この本を読み、就活を通して成長する体験を感じてほしいと願っています。

目次

マモル君の紹介

就職活動を見守ってきたマモル君デス。「観察日記」「就活実践アドバイス」として，本文中の余白でつぶやくキャラクターです。本書の編著者の分身です。ヨロシクネ。

序　章　激動の「就職活動」スタート――ゼミの学生とともに

就活の相談に乗るようになって、学生の皆さんにとっては、就活が単なる仕事探しではなく、人生で初めての試練だと実感しました。時には、それまで生きてきた自分を振り返り、家族との葛藤で涙を流した人もいました。就活は、大学入学までに経験した試練とはまったく違っていたようです。中学受験から大学受験までは、受験に関連した科目を一生懸命に努力し勉強を頑張ればいいことでした。何をどれだけ努力すればよいか、わかっていたことでした。「大学受験までの自分」から「社会人になる自分」に変わろうと、就活で努力しようとしていますが、どのように努力してよいかわからないと悩み、不安が高まるばかりの日々。そんな日々の中、エントリーシートで、

「あなたの志望動機はなんですか」
「あなたの長所と短所を教えてください」
「あなたの人生の中で一番心に残っている体験はなんですか」
「自己ＰＲをしてください」

という質問をされます。その質問にどう答えてよいか、どうしてよいかわからなくなり、また、受験の時のように不

マモル君の観察日記①

2月・3月の大学には，黒のリクルート・スーツに身を包んだ学生たちであふれかえっていました。「戦闘態勢」になっている学生たちに「エール」を送りたい気分だったよ。

安が大きくなります。受験で不安になった時、ひたすら参考書と問題集を解き続けて、心落ち着けることができたようです。しかし、就活では、どのような努力をしてよいか、何が基準で自分たちが採用されるのか、まったくわからなくなり、何をしてよいかわからず、ますます不安になります。

秋も深まった十一月頃、大学が主催する「就職ガイダンス」に行って、就活とは何かを聞くことになりますが、何かわかった気になりながらも、**「大変なんだ！」という不安な思いだけが残ってしまう。**それに、周りが全員、黒のスーツに身を包み、「戦闘」態勢になっているのを見て、

「自分だけが、遅れている」

と実感してしまいます。また、学外に目を向けてみると、十二月からは、全国で就職セミナー、企業展が始まります。東海地区ではポートメッセ名古屋リクナビ主催の企業展に行く学生が多い。その企業展に参加した一人の学生は、

「激動の職探しが始まったのは、私にとっては、この十二月の企業展でした」

と、就活を始めた頃を振り返って言っていました。このような企業展に行き、**「就活への焦り」「他の子より遅れているという思い」**が生まれ、「どうにかしなくてはいけない」と思い、パソコンに向かい、「就職ナビ」で考えられる限りのすべての企業に「エントリー」をして安心しようとします。説明会の日程を手帳に書き込み、バイトと企業説明会で予定がいっぱいになり、実質的な就活が始まる忙しい春休みの日々。授業のない春休み、私は就活する学生たちに出会いました。

エントリーシートの請負人になって

長い間女子大生の就職氷河期と言われていた四年ほど前、二月の春休みに大学に来ている学生の一人に声をかけました。

私　「春休みにどうして大学に来ているの」
学生A「就活ガイダンスです」
私　「就活、うまくいっていますか」
学生A「あ〜、もう大変です。どこに就職したいかわからないし、志望動機を聞かれてもわからないし、どうしよう、先生」

それから一か月ほどして、また、もう一人の学生と話す機会がありました。

私　「最近、就活どうですか」

学生Ｂ「本当に焦っています。エントリーシートなんか書いても落とされるし、どうしていいか、わかりません」

私　「エントリーシートって何ですか」

学生Ｂ「先生！　そんなことも知らないんですか」

とあきれた顔をされました。そして、その学生から、彼女が行っている就活について説明してもらいました。「エントリーシート」というものは、企業に就職したいという志望動機について熱意をもって書き、自分の個性、経験をＰＲすることだ、と理解した私は、

「ゼミで素晴らしい発表をしているし、レポートもうまく書けているから大丈夫でしょう。落とされるのは変ですね。落とされたというエントリーシートをちょっと見せてくれますか」

と言って、「落とされたエントリーシート」を見ました。そして、その内容に唖然としました。「エントリーシート」が「自分を売り込む」手段であることを理解せずに、どこかで読んだ「就職マニュアル本」の典型的な文章が並べてあるだけの文章。書き手の個性がまったく感じられない自己ＰＲ。その企業で働きたいという熱意が感じられない一

般論的な志望動機。さらに、体験が並べられただけで論理的につながっていない「今まで一番頑張ってきたエピソード」の文章。その学生を傷つけるとも知らず、

私　「あ〜、これだったら、私でも落としますね」

学生B「だったら、先生、どんなことをどう書けば、通るのですか」

私　「就活のエントリーシートなど書いたことはありませんが、一緒に考えましょうか」

ということで、「エントリーシート」の請負人の役割をこの四年間ほど続けて、五十人以上のエントリーシートを見てきました。最初の頃は、一緒に考えた「修正したエントリーシート」はすべて通っていたので、「百パーセント保証」をしていましたが、最近、時々落ちることもあり、「百パーセント保証」の神話は崩れています。しかし、今でも、九十パーセント以上の確率で通る「エントリーシート」を、それぞれの個性をもった学生の皆さんと一緒に作成する作業をしています。

この経験をして、「典型的な良いエントリーシート」という決まった答えはないと今は思っています。**応募する企業を研究し、自分の経験を分析し、そして、本気でその企業に就職したいという熱意が生まれたら、その学生のエントリーシートは落ちることはない**と思います。そのエントリーシートを作る作業は、私という教員による単なる添削作業というよりは、学生の皆さんと対話するなかで、彼女たち自身が語る言葉を文章に置き換えていく作業です。その意味では、学生一人ひとりとの対話から生まれる、学生の個性を表現された文章が「エントリーシート」だと思って

います。私が行う最終的な添削、修正は、最後の仕上げとしては大切ですが、一番大切なことは、志望動機や自己PRについて、学生自身が語ることや書くことを通して考えることではないかと思います。今年就活を終えた学生は、

「エントリーシート」とは、
一．自分の軸とは何か
二．企業に知ってもらいたい自分の素質と経験
三．キーワードによる伝えたいポイント三点
を簡潔に書くことです

と振り返って言っていますが、まさにそのとおりだと思います。

「エントリーシート」が通過した後、「集団面談」「個人面談」そして、「役員面談」と進み、採用内定通知を受け取ることになりますが、その長く不安な日々。**「人生で一番辛かった経験」と語られる就活経験。**そんな経験をしている学生の皆さんの声を聞くことが、「就職請負人」としての私の主な役割でした。何かよいアドバイスをしたというよりも、本人がもつ「キラキラしたもの」を引き出し、時々、元気がでるかもしれないと思える思いつきの言葉を投げかけ、学生の皆さん自身が生き生きと就活を「闘える」ための存在になれればと思い、研究室で長い時間対話してきました。

そして、発見したことは、就活はすべての人にとって同じではないということです。それぞれ異なったタイプの就活があったのではないかと思います。特にこの二年間の学生を観ていると次に言う四つのタイプに分けられるのではないかと思っています。

就活のタイプ

学生の皆さんの就活のさまざまなストーリーについて書く前に、この本で対象になっている就活をしていた学生たちを四つのグループに分類してみたいと思います（図1「就活のタイプの関係」を参照にしてください）。分類をすることによって、読者の皆さんは自分がどのタイプなのかを知ったうえで、興味のあるストーリーから読み始めることができるのではないかと考えました。この本を読んでくれている就活をしている皆さん、自分がどのタイプかを考えてみてください。そして、自分と似ている人のストーリーを読んでみましょう。

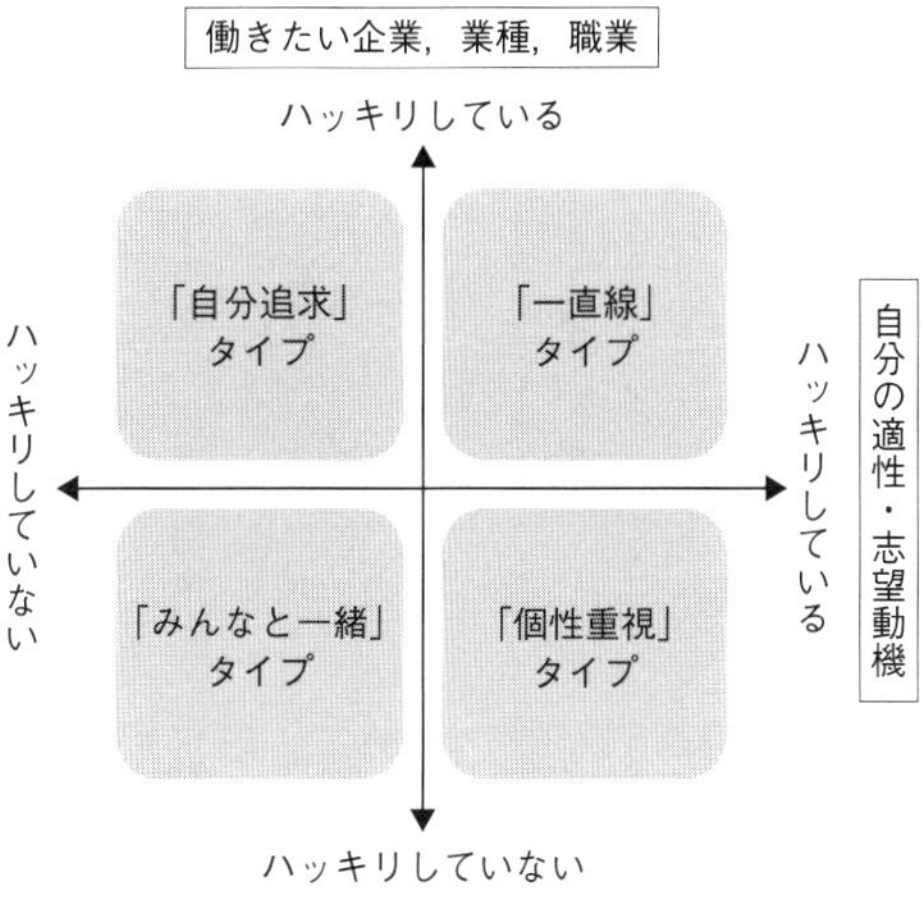

図1　就活のタイプの関係

二つの質問に答えることで、あなたのタイプが決まります。

質問①「自分がどの企業、業種、職業」をめざしているか、ハッキリしていますか。

質問②「自分の適性、志望動機」がハッキリしていますか。

図1「就活のタイプの関係」で、就活のタイプを四つに分けましたが、自分がどのタイプに当てはまるかを考えてみてください。

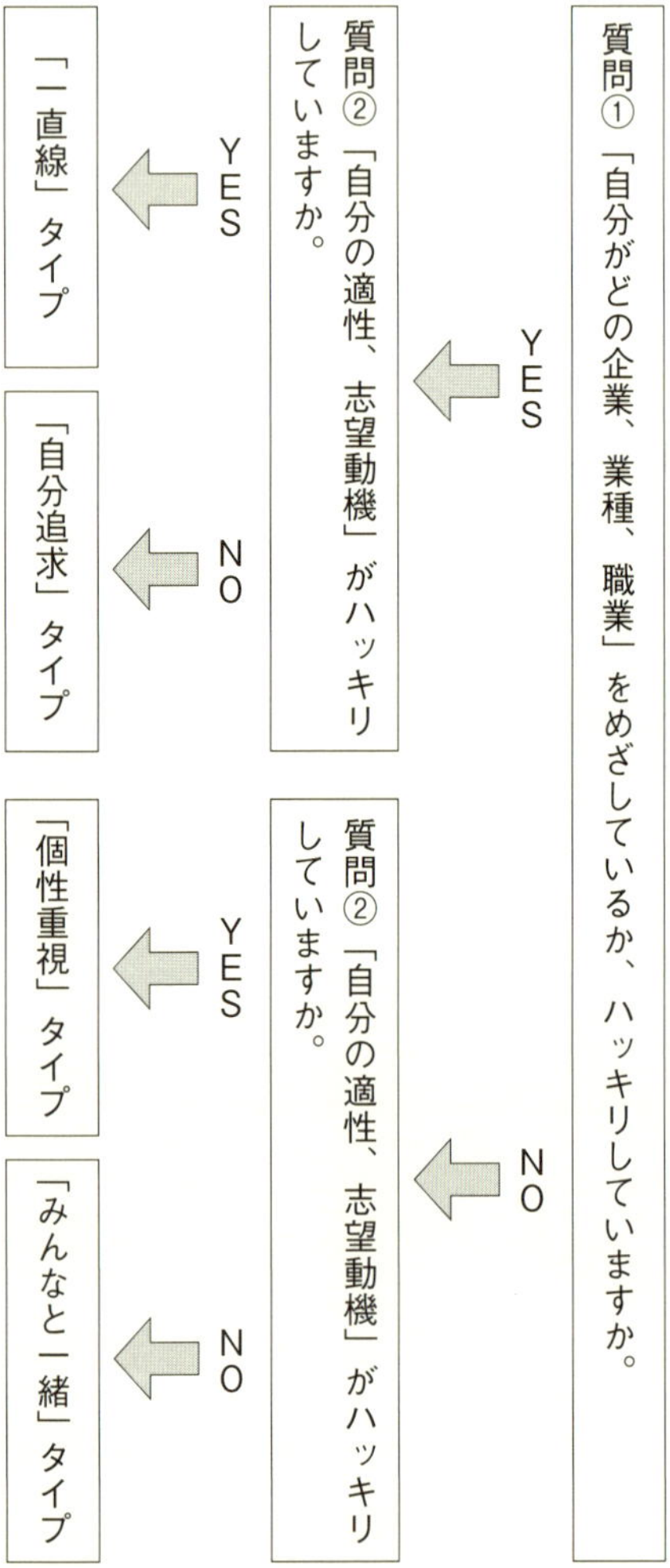

(1)「みんなと一緒」タイプ

一番多いタイプは、どんな企業、どんな職業に就きたいかわからず、自分が何をしたいかもわからず、ただ、就活の流れの中で、他の人と同じように活動する**「みんなと一緒」タイプ**。このタイプの人は特定の企業、業界、業種をめざすわけでないし、自分が何に向いているのか、自分の希望は何かなど考えたことがない人たちです。大学に入学してから、**大学の授業はそれなりに出席して、授業のない時間は、バイトをしている**。そして、時には、**友達と盛り上がって遊ぶ**。そんな生活をしていたら、三年生後期になっていて、大学で、「就職ガイダンス」などが頻繁に行われるようになって初めて、自分のことや自分が就職したい企業とはどんな企業なのか、と考えます。しかし、すぐには答えが見つからず、いろいろな企業の説明会に出て、**あらゆる企業にエントリーシートを送る**傾向があります。「どこでもいいから、内定がほしい」と思い、長い間の試行錯誤の後、「自分に適した企業」「自分好みの企業」と出会い、本気になって応募する頃に内定通知を受け取るタイプです。

(2)「一直線」タイプ

「みんなと一緒」タイプと対局にあるのは、**「一直線」タイプ**。自分がどのような企業、職業に就きたいかはっきりしている人たちです。ＣＡ（キャビン・アテンダント）やグランドスタッフ、ホテル、総合商社、証券会社などの職業は、小さい時からの憧れだったので、大学の学部を選ぶ

マモル君の観察日記②
「女子大生」と言ってもそれぞれの個性があります。就活だってそれぞれのタイプがあるという発見は新鮮でしたね。

時も迷わず、大学に入学してきました。彼女たちの多くは、大学に通いながらも、さまざまな専門学校にも同時に通い、その**職業を「一直線」にめざしている**タイプです。自分の強みや好みをよく知っていて、特定の職、「総合職」に就き、**自分の個性と能力を活かしたい**と考えている人たちです。**「みんなと一緒」タイプ**とは異なり、説明会に行く企業もエントリーシートを送る企業も限っていて、数社しか提出せず、企業研究をしっかりして早い時期から就活をする傾向があります。

(3)「自分追求」タイプ

「自分追求」タイプの特徴は、希望する職種や企業はだいたいイメージできていて、その企業に応募しようとするのですが、就活するなかで、その企業を希望することが自分の本当の望みなのか、自分には何が一番向いているのであろうか、と考え、自分の生き方を考えるようになるタイプです。最初の頃は、みんなが急に就活をしているのを横目に見ながら、「自分はみんなとは違うのではないか」と思いながら、**「自分が本当にしたいことは何だろう」**と悩んでしまうタイプです。そして、さまざまな可能性を模索し、いろいろな人たちのアドバイスを受けながら、自分が本当に望んでいる生き方、自分にとって何が大切か、など考えてしまう就活自体が「自分追求」の機会になり、将来を考える傾向があります。

(4)「個性重視」タイプ

三年生の後期になり就職ガイダンスなどで周りが騒がしくなっている頃、彼女たちもまた、就職ガイダンスには行ってみることはあったようです。そして、数社の説明会に行って、エントリーシートを提出しましたが、自分の性格、希望に合う企業、職種がすぐに見つからず、探し続けます。いろいろな企業の説明会にも参加しますが、**自分のフィーリングや好み**に合わない説明会には、履歴書を提出することさえないこともあります。自分の希望、自分の性格にあった企業が本当にあるのだろうか、と考えられる限りの企業のホームページなどを検索し、自分に合ったと思える職種や企業を探します。彼女たちにとって一番大切なことは、**企業の雰囲気や理念が自分に合っているか**。企業に合わせるより、**自分に合う企業を探す**ので、それを探し当てるまで、時間がかかる傾向にあります。

四つのタイプ分けたからと言って皆さんが一つのタイプに当てはまるとは思いません。「一人ひとりの学生の人生のドラマがある」ことが就活について話して明らかになりました。そんな「学生本人の声」は、就活のマニュアル本やガイダンスでは知ることができないものだと思っています。そこには、二十二歳になった女性の生き方、社会人になるまでの葛藤を読み取ることができると思います。

本書が生まれた経緯

この本のきっかけ

この本を書くプロジェクトはゼミ活動の中から生まれました。「私たちの就活の体験談について書けば、ぜったいに後輩に役立つから、書いたらいいと思います！」と、内定を受け取った学生の皆さんたちが四年生の五月頃に言ってくれたことが、すべての始まりでした。この本は翌年の三月の卒業式に本人たちに渡した『就職活動のさまざまなストーリー―二十人の女子大生のキャンパスライフと就職活動―』（全三二四頁、私家版）がベースになって展開されたものです。

この本の目的

目的は二つあります。一つは、学生本人の言葉による物語、**リアルな語り**を読者に提供し、今就活中の学生の皆さん、今後就活しようとしている人に、**就活の裏側で何が起こっているか**を物語として描写し、実態を伝えること。二つ目は、学生の皆さんの就職活動から学んだことに加え、就活のプロたちの「常識」「アドバイス」なども入れ**実践的に役立つメッセージ**を伝えることです。

この本の目標

読者のために書くことを目的とせず、オリジナルな研究をまとめることが研究者としての仕事だと思っていた枠を超え、**「読者に役立つ」「読者のために」**を考え書いたものです。この本を読んだ人（たとえ一人でも）に「役立った」と言ってもらえることが目標です。

さて、本書の章立てについて簡単に触れておきます。

第一章から第四章は、学生の皆さんの**リアルな「就活の物語」を本人の言葉を中心にして書いています。**

第一章**「みんなと一緒」タイプ**は、一般的な大学生の代表的と言えそうなタイプの「私の物語」。

マモル君の観察日記③

「本を出版したって読まれなければ意味がない」と言っていた親友の言葉が長い間引っかかっていました。その言葉に応えたいと思っての今回のチャレンジなんです。

第二章**「個性重視」タイプ**は、自分の個性・好みがはっきりしていて、それを軸に就活を行った「私の物語」。

第三章**「自分追求」タイプ**は、就職したい業界がはっきりしていたが、就活を始めて、「自分とは何者か」という問いを追求した「私の物語」。

第四章**「一直線」タイプ**は、自分の夢、あるいは憧れた業界に限定して就職活動を展開した「私の物語」。

今就活をしている人は、自分がどのタイプに当てはまるかを考えて、それぞれの章だけを読んで、そこに何かを感じてもらえるのではないかと願っています。

第五章「内定を勝ち取る力を持つ方法」は、学生たちの就職活動の支援をしながら私が学んだこと、就職活動に関するさまざまな本を集中的にレビューし、得たヒントを整理したうえで、就職活動で**内定を勝ち取る方法についてのヒント**をまとめています。一般的な就職活動のマニュアル本とは異なり、学生たちの就職活動を支援し、私がこれだけは役立つのではないかと思った、**すぐ役立つ実践的なガイドライン**をまとめたものです。そして、この章は就職活動をしている学生の皆さんへの応援メッセージを書いた、この本の結論でもあります。

まず、学生たち（すべて仮名）の「私の就活物語」から読んでみてください。

第一章「みんなと一緒」タイプ

この章では、就活をする典型的な「みんなと一緒」タイプの二人の「私の就活物語」を掲載しています。

最初の太田さんは、「就活は夢を叶えること」だと考え、憧れの「レジャー産業」を求めて就活を行いましたが、「レジャー産業」は求人が少なく、難しく厳しいということに気づきました。そして、その日から、自分が本当に何を望んでいるかを考え、就活の仕方を変えました。そして、**「自己分析」**を行い、**「お金と安定」**を基準として活動をしてきました。その就活の実際の流れが詳しく書かれた「私の就活物語」です。

二人目の鈴木さんは、高校、大学と**「自分が何をしたいのかわからない」**と思いながら過ごしていました。もちろん、就活も同じように、「何がしたいかわからない」と考えながら、**「自宅から通えるところだったら」「定時に帰宅できたら」**という基準でいろいろな説明会に参加し、試験も受けていました。そのように就活を進めていくなかで、「ここで働きたい」と思える会社に出会うことができました。その出会いがあってからは、就活に本気になれたという「私の就活物語」です。

自分の「やりたいこと」が決まっていない人の方が多いと思います。一般的な大学生としては、当たり前のことです。周りのみんなが何かを求めて就活を始めているのを見ながら、焦って、不安になっている皆さん、この二人の「私の就活物語」の中に、あなたと共通した何かを発見するかもしれません。

一節 自己分析を通して、自分を再確認

太田真弓さんの就活ストーリーの図式的まとめ

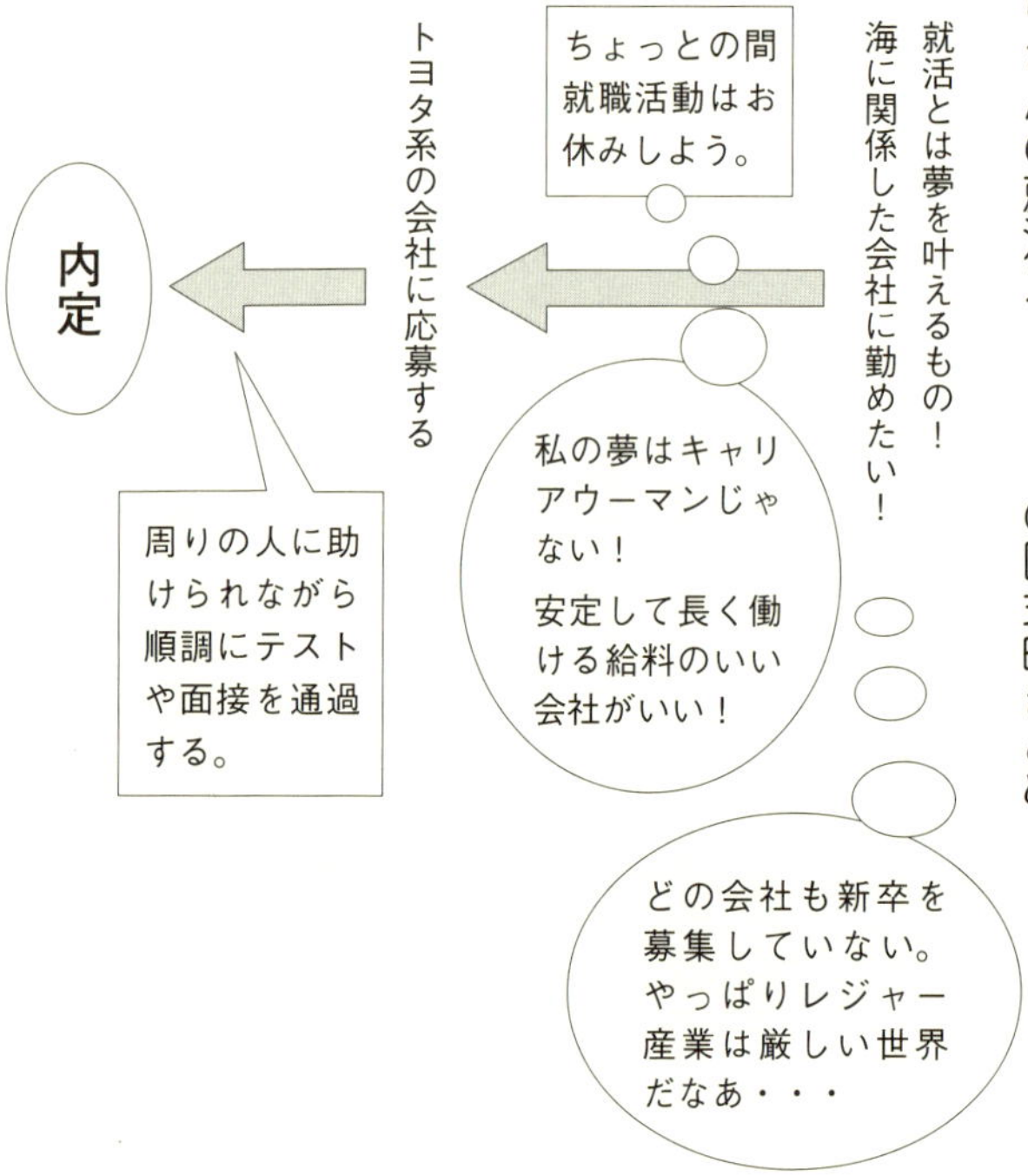
就活とは夢を叶えるもの！
海に関係した会社に勤めたい！
どの会社も新卒を募集していない。やっぱりレジャー産業は厳しい世界だなあ・・・
私の夢はキャリアウーマンじゃない！
安定して長く働ける給料のいい会社がいい！
ちょっとの間就職活動はお休みしよう。
トヨタ系の会社に応募する
周りの人に助けられながら順調にテストや面接を通過する。
内定

MAMORU ©TSUKADA

マモル君の観察日記④

太田さんは営業向きと思えるパーソナリティをもっていました。「自立したい」と思った高校の時のからのアルバイトがその背景にあったのだと納得。キャリア志向かなと思っていたら，ある時から授業を休んで「パン教室」に通っていたあなたは，「スーパー専業主婦」志向だったのですね。

お母さんにもっと褒められたかった

私は、将来自分に子どもができたら仕事をしないで家にいたいと考えていました。なぜかというと、子ども時代親が仕事で忙しくて寂しい思いを何度も体験したからです。特に印象に残っているのは、ピアノの発表会の時でした。私は小学校一年生から中学二年生までピアノを習っていましたが、ピアノの発表会というのは土曜か日曜で、だいたい両親が経営していたお店が忙しい日に当たっていました。姉たちがピアノを習っていた時は、母もなんとか都合を合わせて見に来てくれていましたが、姉たちがピアノをやめ、発表会に出るのが私だけになった中学二年の時、母は仕事でどうしても私の発表会を見に来ることができませんでした。

そのような忙しい家庭だったので、祖母は私たちにとても優しくしてくれていて、その発表会も祖母が見に来てくれましたが、その時すごく寂しく思い、「なんのためにピアノを習っているのだろう」と感じました。今思うと、母に褒められたいという気持ちが強かったのかもしれません。その発表会を最後に、私はピアノをやめました。もちろん理由はそれだけではなくて、中学に入り友人と遊ぶのが楽しくてピアノの練習をするのも嫌になっていたという点もありました。

そして、その後、中学二年生の時に両親が離婚しました。父親と一緒に住むことになりましたが、私たち三人の姉妹は、それぞれの親とは親密に接していました。ただ、厳しい母が家を出て行ったので少し解放的になり、**高校時代から自由な行動をするようになりました**。また、**経済的にも自立したい**と思って、高校、大学とマリーンスポーツに興味があり、接客を中心としたアルバイトもしていたので、このアルバイトの経験から、就職を考えた時、営業を希望するようになったのかもしれません。

「夢を叶えることが就活だ」

三年生の春から周りがリクルート・スーツでがんばっているように思えたので、私も就職活動を始めました。何をしていいかわからず、就職経験のある姉などに聞いてやっと就職活動を始めることができました。まず、どんな企業があるか知らなかったので、リクナビなどの方法でいろいろな企業を探しました。そして、企業を具体的に考えた時、自分の好きなマリーンスポーツに関わる企業を志望することに決めました。それが今まで夢だったので、その「夢を叶えることが就職活動だ」と考えたからです。**三年生の前期ごろには、「私の夢は、海に関係した仕事をすること」と心の中でいつも考えていました。**

海や船に関係する仕事をまだ諦めきれずにいた私は、船外機シェア世界一位であり、ほかにもジェットなどのマリーン製品を作っているヤマハ発動機にとても興味をもっていました。説明会に参加してみると、「感動創造」をモットーにしている企業なだけに、働いている人たちのキラキラとした表情が印象的でした。

「私もこの会社でこの人たちと働きたい！」と熱望していました。

「レジャー産業は厳しいな」と感じました

一次試験は三月十一日〜二十八日の間にエントリーシートを提出し、提出した人はSPIと適性検査を受けられるというシステム。エントリーシートのテーマが二題で、「志望動機と自分のモットーを書け」というものでした。私のアルバイトの先輩で、大学院に行っている優秀な人に相談すると、志望動機を書くときのポイントは

一．何でその業界
二．何でその会社か
三．何で自分か
四．どう貢献できるのか

「このポイントをいれながら、起承転結をつけて書くことだよ」と教えてもらったので、これを意識して書きました。これを仕上げるのに丸三日間費やし、自分でも納得のいくものに仕上がりました。これを提出したのが二十六日の夜。相変わらずギリギリな私。

次の日、名古屋の栄のテストセンターでSPIと適性検査を受けましたが、ここでありえないくらい不運なことに出会ってしまいました。その日は日曜日でテストセンターの近くの公園ではお祭りが開催されており、ずっとライブが行われていたのでした。その音楽は非常に大きなスピーカーを使っているのか、テストセンターでテストを受ける私の頭にがんがん響いて、もう、テストに集中できるわけもありませんでした。

後日ヤマハ発動機から「お祈りメール」が届きました。私がこのバンドを恨んだのは言うまでもありませんが、二次試験に通過できなかった原因はそれだけなく、もともと学力不足だったのだと思いました。「大手は難しいな」と実感しました。

その後も東海地方と関東のマリーナ（海に関連したレジャー産業）を調べました。特に気になったのが、横浜のみなとみらいの辺りにある横浜ベイサイドマリーナで、規模も大きく、もともと横浜への憧れもあり、私にとっては夢のような場所でした。しかし、パソコンでホームページを見てもリクルート情報が載っていない。そこで直接電話で問い合わせてみると、「今年度は採用の予定がありません」ということであっさり終わりました。その他にも、ラグーナ蒲郡や浜名湖にマリーナをもつ「マリコム東海」や「ヤマハリゾート」、「スズキマリン」「東京夢の島マリーナ」に電話で問い合わせてみましたが、どこも「募集していない」とのことでした。**レジャー産業は厳しいな、と実感しました。そんなこともあり、海に関係する仕事と考えていた私は行き詰まり、しばらく就活を休憩しました。**

私はキャリアウーマンになりたいわけではない

友達や家族などと話すなかで、**「自分とは何か。自分が望んでいることは何なのか」**を考えるようになりました。高校まで受験中心に生きてきて、大学に入学してからも、バイト、遊び、そして、大学での単位稼ぎで忙しく、あまり自分のことなど考えたこともありませんでした。大学受験までは、「単一の価値観」として、偏差値があり、一つの価値観で次の段階の将来を考えるだけでよかったのですが、企業の多様性を考えた時、自分がどのような基準で何を選べばいいかわからなくなったので、**「自己分析」**が必要でした。

私があまりにものんびりしているのを見かねて家族はとても心配してくれました。私には二人姉がいて、いつもはあまり干渉しないのに、その時にはわざわざメールまでしてきて、

「就活、やってるの？」

と聞かれたので、

「一応リクナビは登録したけど、何したらいいかわからん」

という返事をしたら、姉の就活体験を教えてくれました。二十年とちょっと生きてきて、**「ぎりぎりにならないとやら**

ないタイプ」と自分のこともわかっていました。学校のレポートや宿題はそれでもなんとかなってきましたが、就活はそれだと負け組になってしまうと感じ、**「そろそろ本格的に考えるか」と思ったのが四年生を目前にひかえた二月頃でした。**

まずは「自己分析が大事だ」ということで自分が五年後、十年後、三十年後どんな生活をしたいのか考えてみました。私の理想のライフスタイルはどうなっているのだろうと考えた結果、自分の将来設計ができるように思えました。まず、まだ二十歳代の五年後は、仕事を頑張って、お金を貯めて結婚するまでに旅や遊びなどやりたいことをする。次に、十年後には結婚して子どもを育てる。子どもが小さいうちは仕事を休むか、辞める。そして、**三十年後の私は、海の近くの白い大きな家に住んでのんびり暮らす。ということで、私はキャリアウーマンになりたい訳ではないことを再確認しました。**

「安定とお金」を基準に現実的に考えました

就職活動を行う過程で、現実をみるようになってきました。そして、「安定とお金」を求めて、会社説明会にたくさん出ることにしました。お金を貯めたいので就職しても実家に住んでいたいし、愛知県で、「安定している企業といえばトヨタだ」と考え、トヨタ系にエントリーをしました。ちょうどその頃、学内説明会で「トヨタA社」とあったので行ってみると、説明に来ていた人事の方が面白い人で、まるでザキヤマ（お笑い芸人）のように身振り、手振り大きく話していて楽しかったことと、会社の制度やお金の話を包み隠さず話してくれたことが好印象で、その会社に興味をもちました。

後日、本社での会社説明会にも参加しました。トヨタと言っても、自動車は一切取り扱っていなくて、フォークリフトの会社なので仕事内容は実際未知でしたが、**会社の方々も明るく親切で、「この会社受けよう！」と感じました。**

履歴書をいつまでに送るかわからないうちに、一か月がたってもまったく連絡が来ませんでした。たまたま友達の中に同じトヨタA社を受けていることがわかりました。彼はもう履歴書を送ったというので、

「え、どうやって知ったの？」と私が聞くと、

「会社説明会で言っていたよ」と教えてくれました。

うちに帰って会社説明会でとったメモを読み返すと、履歴書締め切り四月四日迄。それに気がついたのが、三月も終わり。**「就活情報を自分でつかんでいかないと乗り遅れる！」**　その友達のおかげでなんとか期日までに履歴書を送ることができました。

「勉強してきたのは無駄じゃあなかったなあ」と実感

その一週間後の四月十一日。ちょうどお花見シーズン真っ只中の鶴舞公園の中を通りぬけたところにある名古屋市公会堂で、一般常識と小論文を書くテストが行われました。営業と事務職が合同で行われましたが、ホール左側四列が営業でだいたい五十人くらい。右側は二十列くらい事務職希望者でゆうに二百人は超す人数でした。あきらかに、事務が人気である。ちなみに私は営業希望であったので少し安心しました。しかし、テストの出来は必ずしも良くありませんでした。友達と帰り道、

「終わったね」

と話しながら帰りました。一週間後、面接試験の案内の手紙が届いたので、喜びの反面、「あのテストの出来で通っちゃうんだ」と、どこか冷めたテンションの私でした。

四月二十日、本社で面接が行われました。面接官三人に対して、受験者三人というスタイルでした。三人の面接官は五十代くらいの管理職手前くらいでしたが、皆目が輝いていたのが特徴的で、緊張感はあるものの温かい雰囲気でした。

面接では、

　自分とはどんな人間か

　志望動機

営業職にとって、ノルマとは何か、どのようなイメージか

を聞かれました。特に、「自分とはどんな人間か」の質問については、

「マニュアルは捨てて、いつ、どこで、何があったからそう考えるようになったのか。詳しく、具体的に。起承転結をつけて話して」

と求められました。

私は三番目に話したのですが、前の二人は話したあと、

「今の、自分的に何点?」などのつっこみを入れられていました。

正直、私も、「全然具体的に言えてないじゃん。ダメじゃん」と心の中でつぶやいていました。

いざ、自分の番になると、緊張して何を言いたいのかわからなくなりましたが、ヤマハ発動機のときに一所懸命書いた自分のモットーを思い出し、起承転結をつけて伝えることができたと感じました。ヤマハ発動機は落ちてしまっていましたが、「頑張ったことは無駄じゃなかったなぁ」と実感したものでした。

「これ、いけるかも」と面接の後、感じました

一週間後、二次面接の案内が届きました。試験は五月九日午前十時半から。五月八日〜九日、ゼミ合宿で蒲郡に行くことになっていたので、とてもハードなスケジュールになってしまいました。五月八日ゼミ合宿を満喫し、先生を含むみんなで輪になって夜遅くまで語り合いました。

九日朝五時に起き、リクルート・スーツを着て、みんなはまだ寝ていたので静かに部屋を出ました。もう一人、田宮さんも朝から就活で帰らなくちゃいけなかったので、二人でそそくさとモーニングバイキングを食べ、ホテルを出ました。

蒲郡から金山への道はだいたい一時間くらい電車に乗った。車内では田宮さんが面接の練習と対策をしてくれました。「何聞かれるかな〜」と言って、普段自分では全然気にしていなかった、社長の名前、資本金、年商、従業員数、などの細かいところにも気を配ってくれました。

それぞれの面接会場が近くなったので、「お互い頑張ろう!」と励まし合って、それぞれの会社へ向かいました。会社に着いてから知ったのですが、今回が最終面接であるという。就活とは、もっと長期戦だと思っていたので、この展開の速さに驚きました。

最終面接は、面接官三人に対して、受験者二人というスタイルで行われました。
面接では、
アルバイトはしているのか、始めた動機
どんな遊びをしているのか
東北地震の被災者のために何かしたか、どう感じたか
自己アピールとそれは会社にどんな利益をもたらすのか
を聞かれました。最後の、会社についての質問では、数時間前に田宮さんと確認していたのでわりと正確に答えることができました。
「これ、いけるかも」
と、面接のあと感じました。
その四日後、人事のAさんから電話があり、
「一緒に働いてくれますか？」
と言われました。
私は喜んで、
「お願いします！」
と答え、その時辛く不安だった就活がやっと終わりました。

太田真弓さんの履歴書

フリガナ	オオタ　マユミ
氏　　名	太田　真弓
生年月日	1988年7月1日
希望勤務地	名古屋，横浜，神戸
希望職種	営業
E-mail	OOOOOO. △△×@ user.co.jp

1. 出生を含むあなたの人生7大事件を以下の年表に記載しなさい。

年	月	EX）7大事件についての記入
1989		太田家の3人姉妹の末子として誕生（父母，4歳上，2歳上の姉）
2002	4	現在の私の基盤を作ったものと言える中学に入学，好き放題，自由に友達と遊びふける。
2003	12	クリスマスの日に両親が離婚（母が家を出ていく）。
2004	4	制服がかわいい，校則がゆるいという理由で選んだ高校に入学，1週間後から居酒屋でバイトを始める。
2009	4	アルバイト先の店長の影響から，海好きになる。将来は海に関係した仕事がしたいと漠然と考えるように。
2010		私の就職活動がスタート。初めて自分の人生を振り返り将来を考える。本当にやりたい仕事がなかなか見つからない。
2011	6	漠然とした夢ではなく，現実の安定を求めた会社選び。就活が終わる。

2. 以下の枠内に自由に「自分」を記入しなさい。

商売屋の娘。3姉妹の末っ子という環境で育ったおかげか，どんな環境にも適応できる能力は抜群。

その反面，自分の意見がうまく主張できない，控えめな臆病なところが悩みの種。

何事もほどほどに頑張る。

二節　褒められたら伸びるタイプ

鈴木美香さんの就活の図式

地元に就職したいという思い

周りのみんなは内定もらってて，いいなあ！　わたしはお祈りメールばっか！　辛いよ〜

条件は土日休みと，実家通い！　あと海外とつながりをもてたらラッキーかな。周りのみんなのおかげでモチベーションはほんと高かった

→

本当に入りたいと思う企業からのエントリーシート通過連絡

説明会で感じた憧れの会社！　鏡に向かって30回以上同じことを言ったり，グループディスカッションのコツを友達に聞いたり，バカらしいとは思いつつ毎日同じような練習を繰り返してた！　いままでと違うわたしデビュー！

→

内定

マモル君の観察日記⑤

鈴木さん，留学担当として接した時には，あなたをTOEICの成績で評価し一面的にしか見ていませんでした。しかし，あなたの「声」に耳を傾けてあなたの「良いところ」を発見し褒めてみたら，本当は，「伸びる子」でしたね。

私の家族

私の家族は父、母、兄、祖父、祖母の六人。昔は、亡くなっちゃったひいおばあちゃんと、結婚して家を出たもう一人の兄もいて、八人家族でした。祖父、祖母と同居しているため教育の仕方は古風なもので、兄は小さい頃から「お前はこの家を継ぐんだぞ」と言われていました。世間では、兄や姉に比べて妹や弟はプレッシャーがない分のんびり育つと言われていますが、いままでは、お兄ちゃんたちに注目が当たって、**「私はいてもいなくても同じ」という感じです。だから、それがストレスになっていました。**だから、いつも、**「お兄ちゃんを超えたい」**という気持ちがありました。親戚の中でも年齢が一番下で、お正月の話題の中心はいとこや兄の受験の話などで、私が小学校何年生かも忘れられているくらいでした。兄と喧嘩した時は、明らかに兄が悪くても「妹なんだから、お兄ちゃんに逆らわないの！」と祖母に叱られる。理不尽に怒られる怒りと悔しさでこっそり泣いたりもしていて、家にいることがとにかく嫌いでした。

でも、お母さんとは本当に仲良くやっていますし、買い物も一緒に行ったり、楽しく過ごしています。お父さんとはちょっと距離を置いていますが、それほど悪い関係でもありません。家族の中の私は、おばあちゃんの話に付き合ったりして喜ばれることもあり、まあ楽しく過ごしています。そんな私の唯一の味方はお母さんでした。母親ってほんとすごい！　子どもが何を思ってどう行動するのかよくわかっているから。

中学校

祖母や父のいる家とは違って、学校は仲のいい友達もいて、毎日学校にいくのが楽しみでしかたありませんでした。

私の小学校は全員同じ中学校に行くため、中学ではさらに新しい友達もでき、ソフトテニス部に入部して、毎日充実した生活を送っていました。一年生でまだコートを使わせてもらえないため、部活のない日曜日に学校に行って友達と自主練習したり、雨の日は誰かの家に行ってぺちゃくちゃおしゃべりしたり。そんな生活をしていたある日、担任の先生がHRの時間にテスト範囲の紙を配り「今回はみんなにとって初めてのテストだ！　気合を入れて挑むんだぞ！」と一言。初めてのテストは勉強の仕方がわからないなりに勉強して、友達と「頑張ろうね！」って励まし合いましたが、塾での成績やお兄ちゃんの成績などを考えると、結果は惨敗の七十二位。忘れもしません。落ち込みながら家に帰って、お母さんに報告しました。お母さんは結果を聞いて、良いとも悪いとも言わずに、「お腹すいたでしょ？　夜ごはんできてるよ」と言ってくれました。それからは成績も徐々に上がり、三十位前後をキープしていました。その頃は初めての彼氏もでき、同級生もほぼみんな携帯電話を持っていて、連絡手段はメールが中心。しかし、私の家は少し厳しめなので友達の家でお泊りもダメ、携帯電話を持つのもダメ。友達や彼氏とのメールはパソコンでのメール、友達の家でお泊りは八時にいったん家に帰って次の日の朝七時にまた家に行くというものでした。それを見かねた兄がせめてもと、父に交渉して「学年で五位以内に入ったら携帯電話を買ってあげる」という話をつけてくれました。そうは言っても、そんなに簡単にとれるものでもありません。その日から授業は真面目に聞いてメモをとったり、復習したりと自分なりに努力しました。テスト週間にはテレビっ子の私にはつらいことですが、見たいテレビはすべて録画して、勉強に励みました。努力の甲斐あって「学年六位！」。結局、携帯電話は買ってもらえなかったけれど、**「私は目標があれば頑張れる人間なんだ」とそのとき気づきました。**

地元の高校だったので、入学しただけです

特に高校受験勉強をしなかったので、自分の学力に合った地元の進学高校と呼ばれているA高校に入学しました。仲のいい友達も受験するし、家から近いしと思って軽い気持ちで受験しました。進学高校ということで、友達は、志望大学を決めて一生懸命に受験勉強をしている子もいましたが、私は大学のなかで、そんなに行きたいところもなかったし、「高校の勉強は何のためにするんだろう」って感じで**勉強に対する上昇志向はゼロでした。**私の高校では、上のトップ十位までが国立の名古屋大学に行きました。私の成績はというと、三百六十人中、たいていは、二百八十から三百位でした。友達みんなには目標がありましたが、**私には、「地元から通いたい」という希望しかありませんでした。勉強はほどほどにしかやりませんでしたが、**部活はがんばってやりました。四十二人のテニス部部長として、部活のメンバーをまとめ、部活を楽しんでいました。日々の生活では、部活動を終えたあと、何の目的もないまま、受験勉強は形だけやってました。**身は入ってないけど、周りがやってるからなんとなく。**案の定、第一志望として受けていた大学は落ち、すべり止めで受かった大学のなかで、今の大学に決めたのは、就職率が高いと言われていたからです。大学受験に関して変なプレッシャーは家族からはありませんでした。ときどき人から、「C大学かー」と言われ、その視線には腹が立つこともありました。

大学時代は遊びとバイトが中心でした

大学で一番楽しかったのは、友達と旅行に行ったり、遊びに行ったりしている時でした。友達は大学だけでなく、地元の友達や高校の友達、バイトの友達などとまんべんなく遊んでいました。大学で初めて海外に行き、海外旅行の

楽しさを知ったので、これからもいろいろな所に旅行に行きたいと考えています。大学一年の時は平日は大学の授業と友達と遊ぶ時間、自分の時間で、土曜日日曜日はバイトをしていました。

最初は単なるお小遣い稼ぎとして始めたイタリア料理店のホールのアルバイトですが、お客様にもいろいろ考えて、相手にどんな態度で接すればいいかを工夫しました。また、他のアルバイトとどんな違ったことをすれば喜んでくれるのかを学ぶことができました。私は単純作業でもどのようにやれば今より早くきれいに、正確にできるのか探しながら作業していく性格なので、接客のアルバイトは、私の探究心を刺激する良いバイトになりました。いろいろな性格をもったお客様のいるなかで、このような性格の人にはあまり話しかけないほうが相手は喜ぶとか、子どもにはどのように注意すれば言うことを聞いてくれるかなど、日々違う発見があったのでよかったです。また、お客様だけでなく、バイト同士も助け合うことで作業効率もあがるし、気分もよくなり、お店の雰囲気も明るくなることで、結果的にお客様のサービスにつながるような気がして、バイト同士でも声をかけ合ったり、休憩中とか暇な時はお互い相談し合ったりして、バイト仲間にも友達ができ、**バイトは私の大切な居場所でした。**良い時、悪い時の差はあるものの充実した時間を送っていると、気づけばあっというまに大学三年生。就職活動の時期がきていました。

就職活動を始めたきっかけは周りのモチベーションの高い友達でした

就職活動の時期がきてしまいました。就職活動を始めたきっかけは、周りのモチベーションの高い友達でした。周りは「合同説明会一緒に行こう」と誘ってくれたり、「○○会社のセミナー予約した？」など、私の知らない情報を当たり前のように聞いてきて、私も頑張らなきゃダメだなあって。あと、私には出来の良いいとこがいるんですけど、そのいとこと駅で会った時とか、その子のお母さん（私の叔母さん）に「就職活動はじまったね。どんな会社受けているの？」と詮索された時に「早く良い会社に就職決めて、言えるようにならなきゃはずかしいなー」とか思ったりしていました。こんな風に周りの環境から、私は結構最初からモチベーションが高かった気がします。

地元の企業に働くことだけを第一に考えていました

就職活動において**絶対に譲れない条件、それは土日休みで実家から通えるということ、**そしてできれば、海外と関係をもてたらいいなあと思っていました。**理由は今の生活に満足しているのでこの生活を変えたくないから、**そして大学で学んだ英語に少しでもいいから関わっていけたらと思っていたからです。そのため地元の車関係の一般事務職を中心に見ていました。就職活動を始めた頃はエントリーシートは受かっても行きたくない会社なら面接に行かなければいいし、とりあえずエントリーシートを多く出すことで損はないと思っていたので無我夢中で書いていました。といっても十数社ですが。会社によってエントリーシートの内容も長さもまったく違うので、最初は「エントリーシート何十社も送ってやる！！」って思っていたんですけど、やっぱりそううまくはいきませんね。自分としても良いエントリーシートを送りたいので、内容を練って考えていたりしたら、十数社で精いっぱいでした。初めてエントリーシートを作る時はほんとに大変でした。どんなことを書いていいのかもわからないし、普通の生活をおくっていたから特にこれといって書くこともないし。とりあえずマニュアル本を引用して、自分なりにまとめあげて、大学内にあるキャリアサポートセンターに持っていって添削してもらいました。そこでは、求めている人材のレベルが高く、行っても傷つくだけだったので、仲のいい大学の先生のところに相談に行きました。その先生は就活支援の先生でもなんでもないのですが、何をすればいいかわからないし、**とりあえず誰かにすがりたい思いで相談に行きました。**

エントリーシートを作成する

その先生への相談は日を追うごとにどんどん形を変え、エントリーシートを持っていっては一緒に考えるようになりました。一番難しかったのは、志望動機です。私は基本的に、「地元で働いて、プライベートな時間が取れる職場ならどこでもいい」と思っていましたから、**正直、特定の企業に対しての動機などありませんでした。**先生は、「それでも、それぞれの企業に合った動機を書かないと企業は採用してくれませんよ」と言うので、思いつくままにいろいろと話し続けました。私の問題点は文章能力がないこと。エントリーシートの質問内容を見て、自分で「これを話したい！！」というものはあるものの、うまく文章にできず言いたいことが相手に伝わらないのです。なので、先生に口頭で質問をしてもらい、自分の考えていることをあれこれ話したうえで、先生に「つまりあなたが言いたいことはこういうことですね」と簡潔にまとめてもらい、「先生、もう一度言ってください」とお願いして、その表現を真似る形で一文一文書き上げていきました。

そのようにしてできたエントリーシートは特別に輝いたものではないものの、私らしく仕上がっていて、最初の頃のマニュアル本から引用した文章とはまったく異なったものになっていました。その当時の手帳を見ると、エントリーシートの締切日がいっぱい書かれていて合計で十八社エントリーしていて、ほぼ全部通過していました。その中で自分の行きたい会社十三社の選考を受け、面接は通ったり通らなかったりで、ほとんどが筆記試験で落ちました。考えてみればＳＰＩの勉強をまったくしていなかったので当然のことです。

就活でつらかったこと。他の人との比較です

学内推薦は一応出したけれど成績が悪いのであきらめ、個人でいろいろなところにエントリーを出しました。その当時の手帳を見ると、エントリーシートの締切日がいっぱいに書かれています。近隣の信用金庫、自動車関係など、女性の事務職は、通勤距離でエントリーシートが決まるのではないかというふうに考え、応募したのですが、だめでした。エントリーシートの完成度からいうと、他のところに引けを取らなかったにもかかわらず、頭ではわかっているものの、**「落ちた」のは、「他に原因があるのではないか」「自分には実力がないのではないか」といろいろ不安を感じることが多くなりました。**

周りは良い意味でも悪い意味でも出来の良い子が多かったです。彼女たちのおかげで就職活動のモチベーションも上がったり、自分の知らない情報を教えてくれたり、いい面もあります。しかし、その分、私の周りは内定をもらうのが早い子が多かったです。いままで一緒に就職活動をしてきた仲間として、その子の頑張りを知っている身として、その報告を聞いた時はほんとにうれしかったです。しかし、いろいろな友達のその報告が重なるにつれ、プレッシャーを感じました。**「周りはどんどん決まっていくのに、私はまったく評価されない」「やっぱり自分はだめなのかな」**って思ったりもしました。

母から「いとこの○○ちゃんは大企業のA社に決まったらしいよ」っていう報告を聞いた時も「どうせ比較されてるんだろうな」とか、今まで味方でいてくれた母をも疑って悲観的になった時期もありました。持ち駒が少なくなった時は本当に焦るし、就職活動はつらいこともたくさんありました。一日に何度もお祈りメールが来ると、他の人に

も相談できなくなり、閉じこもってしまうこともあったし、部屋でいろいろネガティブなことを考え一人よがりになってしまうこともありました。

エントリーシート通過からグループディスカッションへ

そんな時に、大手の銀行からエントリーシートの通過連絡がきました。この銀行はその時の第一希望でした。私のメインバンクでよく利用していて、海外との関係が強く、説明会に参加した時の「外国為替」という業務に強く憧れていたからです。一つの会社の社員として貿易に関わるのではなく、銀行の行員として貿易に関わるためより多くの会社の貿易に関わることができ、やりがいがあって、「なんだかかっこいい!!」、就職活動をするまで知らなかった業務だけど、説明会での外国為替業務の行員さんのイキイキした姿はいまでも忘れません。最初の選考はグループディスカッション!　グループディスカッションは他の選考で二回ほど受けたことがありましたが、どのタイミングでなんて発言すればいいかわからないし、苦手意識が強かったです。でも、受かりたいから、友達に「どーすればいいかな?」って相談して、「グループディスカッションは協調性を見ているから無理に意見を作って発言するよりも他の子の発言をしっかり聞いたり、みんなの意見をまとめたりする役に回った方がいいよ!」と教えてくれました。その子はグループディスカッションの前日に長文でグループディスカッションで重要なことをまとめて励ましメッセージをつけてのメールを送ってくれて、そのメールを意識しながらグループディスカッションを受けました。最初は緊張で頭が真っ白になりましたが、とにかく笑顔で他の子の発言を聞いてうまい具合に意見をまとめて、なんとかグループディスカッションは通過することができました。

数回の面接試験

それからの選考は面接でした。いままでの会社は面接に進めても、志望動機がうまく言えなかったりしたので、先生のところに行っていろいろと指導を受けました。「エントリーシートで書いたことを三十回以上読めば自分のものになるからいいよ！」と言われたので、面接の前日夜十二時から朝方の三時にかけて鏡に向かって三十回以上エントリーシートを読むことにしました。練習中、鏡の中の自分を見て「バカなことしてるなあ」と思いつつ、どんどん楽しくなっていきました。今思えば、**「それほどバカになって入りたいと思う会社に出会えたことが大きかった」**と思います。今回の選考は本当に面接が多くて、合計四回ありました。人重視の企業。面接で伝えられる内容は同じだけど、いろんな面接官の方と面接しました。私の良い面を引き出してくれた人もいたし、あやふやなところをつっこんでくれた人もいました。最終面接で「人生で後悔したことはありますか？」と聞かれました。そこで私は「失敗したことは何度もありますが後悔したことはありません。C大学に来ていなければ先生がエントリーシートを手伝ってくれることもなければ、たくさんの心の優しい最高の友達に出会うこともなかった。第一志望大学に受かってたら、入学して満足してしまっていたと思う」と胸を張って答えました。それを見ていた人事部長に「あなたキラキラしてて、いいね。来年から私たちと一緒に働いてくれますか？」とその場で言われました。それで私は内定をもらいました。私自身を見てくれて、笑顔を褒めてくれた。これは社風だと思います。**「本当に入りたいって思える企業」**に出会うことって、難しいと思いますが、**「いろいろな所の説明会にたくさん行って、自分の足を使ってよかった！」**。私の就職活動で一番よかったことは内定をもらえたことはもちろんそうですけど、本当に入りたいと思える会社を見つけたことだと思います。就職活動はつらいこともたくさんありました、その分内定をもらったときは本当にうれしいし、やっぱり私の就職活動は楽しかったです！　結果良ければすべてよし！

私は期待されれば、頑張れる人なのです

周りがどんどん内定が決まっていきました。私も決まったからいい意味のプレッシャーだったけれど。地元の人しか知らないところに就職が決まっていたら、劣等感をもっただけだったと思います。受かったからよかったけれど。**友達との関係では、内定が決まってても祝福のメールを送りづらかったです。**相手がどう思うか知らないので。

大学生としての自分の評価は一〇〇点です。たくさん遊んだし、留学もできたし、バイトも頑張っていたし、自分のやりたいことはできる範囲で全部できたし、充実していました。社会人になるにあたって、学生時代もうちょっと勉強しとけばよかったという後悔もありますが、社会人になったらいまみたいに遊ぶことができないので、大学生では遊びつくせました。その分、親にもたくさん迷惑と心配かけたので、働きだしたら少しずつ恩返ししてきたいですね。結局、私は**褒められると伸びるタイプ**です。いま入社するまでに資格をとらなければならないので、頑張っていま す。私は期待されれば、頑張れる人なのです。**素直なのです。**でも、**自分の中に価値が見出せなかったら、頑張れません。**私はアフターファイブを楽しみたいです。

鈴木美香さんの履歴書

フリガナ	スズキ　ミカ
氏　名	鈴木　美香
生年月日	1990年3月3日
希望勤務地	実家から通える
希望職種	土日休みの安定した職種
E-mail	OOOOOO.△△×@user.co.jp

1. 出生を含むあなたの人生７大事件を以下の年表に記載しなさい。

年	月	EX）７大事件についての記入
1990	3	鈴木家の長女として誕生（曾祖母・祖父・祖母・父・母・兄２人・私の８人家族）。
2000	4	小学生４～６年生 通っている小学校がマーチングバンドの有名校だったのでマーチングバンドに入部。３年間カラー（フラッグ）として忙しい日々を送る。実は全国大会金賞を受賞したことも。
2003	4	公立中学校に進学。テニス部に入部し楽しい日々を送る。
2006	4	地元の進学校に進学。テニス部に入り，部長をやったり，部活後は友達と出かけたりして勉強は後回しの生活。
2009	4	私立Ｃ女大学に入学 第一志望のＡ大学に落ちたので。しかし，大学はどこでもいいやと思っていたので，Ａ大学に落ちた時もあまりショックを受けず，迷わず滑り止めで受かっていたＣ女大学に入学。
2012	12	バイトに遊びに旅行に多忙な生活をしていたらあっという間に就活の時期。周りの行動の早さに焦りながら，安定を求めて就活スタート！
2012	5	入りたかった企業に内定をもらう。安定を求めて始めた就活でしたが，自分の入りたいと思える企業に出会って変わった！

2. 以下の枠内に自由に「自分」を記入しなさい。

３人兄弟の末っ子長女。周りからは可愛がられたでしょーとか言われるけど，兄の方ばっかに注目がいっていたので家の中で私が何していようと家族は気にもとめないと思っている自由人であり楽天家。何事も成るように成ると思っている。提出物は前日に徹夜してやるタイプ。しかし，自分のやりたい！と思ったことや目標があったら，計画をたてて行動する。この目標に向かっての努力はあまり人に言わないため周りのみんなからは「ちゃっかり者」と呼ばれる。

第二章　「自分追求」タイプ

就活が単なる就職のための活動にとどまらず、今まで生きてきた人生を振り返るきっかけになることがあります。大学生活を終え、社会人として就職しようと考えた時、**「自分とは何か」「自分が本当にしたいことは何」**という問いが頭を占めてしまい、どう活動してよいかわからなくなる時、いままでの人生を振り返り、自分探しをしながら、将来について考えた三人。そんな学生たちの「私の就活物語」です。

山本さんは、**「学歴コンプレックス」**を心の奥の深いところにもっていました。日ごろ気にしていないかのように生活していましたが、人生の転機である就活を通して、自分の中にそのコンプレックスを発見してしまいました。**「学歴コンプレックス」**に直面することを避けるために、アパレル業界への憧れももちましたが、結局、**「学歴コンプレックス」**と向かい合い、就活をしていました。

二人目の加藤さんもまた、自分の兄に対する**「学歴コンプレックス」**をもちながら生きていました。しかし、兄を超えたいという思いがあるものの、それがかなわないと思った時、就活を通して、自分の個性を活かして生きる道を選ぶことにしました。

三人目の横井さんは、小さい頃からＣＡになることを夢みていました。しかし、「あなたはＣＡに向いていない」と言われ、就活で迷ってしまいました。航空業界でのインターンシップをきっかけにグランドスタッフこそが自分に適した職であることを発見しました。

自分自身が夢だと思っていたことが否定された時、人は、それまでの自分を振り返ることになります。この三人のそれぞれの夢は、自分が何に適しているか、を考えた時に実現されることになりました。就活を通して、そのことに気づき、そして、自分らしい生き方を考えたそれぞれの「私の就活物語」です。

一節　「学歴コンプレックス」と闘いながら

山本友里子さんの就活の図式化

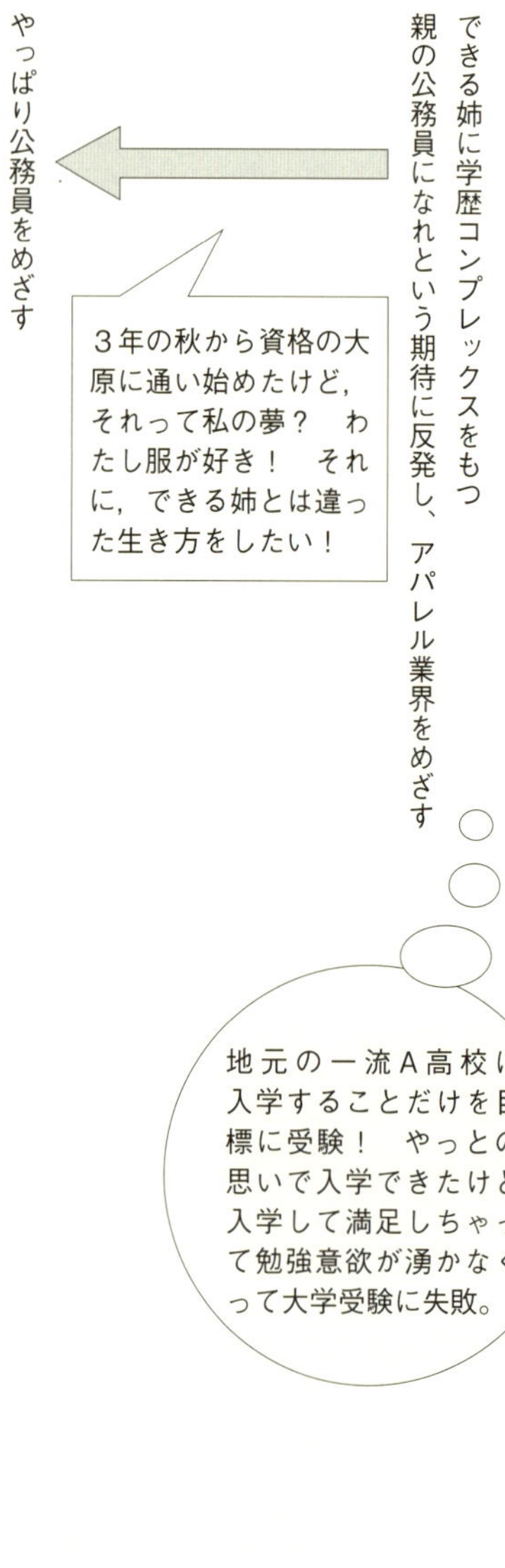
できる姉に学歴コンプレックスをもつ
親の公務員になれという期待に反発し、アパレル業界をめざす
地元の一流A高校に入学することだけを目標に受験！　やっとの思いで入学できたけど，入学して満足しちゃって勉強意欲が湧かなくって大学受験に失敗。
３年の秋から資格の大原に通い始めたけど，それって私の夢？　わたし服が好き！　それに，できる姉とは違った生き方をしたい！
やっぱり公務員をめざす

有名大学に行ったたくさんの友達が同じ公務員試験を受けるも不合格。偏差値の低い大学に通っていた自分が受かった！　努力って報われるなあ！

内定

一般企業や銀行への就職活動をしてるけどお祈りメールばっかり！　周りは支えてくれるけどつらい！　親たちが言ってた公務員への道もいいかも！　もう1回大原通おっと！

地元の進学校に入学したら、勉強意欲はなくなった

私自身はあまり頭がよい人間だと思わないけれど、お父さん、お母さん、それに姉まで、地元では一流高校のA高校を卒業していました。私も当然のように、A高校に進学することを期待されたので、高校受験は死ぬほどに頑張りました。十時間以上も勉強することもありました。そして、念願のA高校に入学できました。しかし、自分が目的としていたことはA高校に入学することだったので、入学した時点で勉強への意欲がなくなっていました。それに、A高校はできる生徒が多かったので、**入学してからは、赤点を取るなどして、**

マモル君の観察日記⑥

山本さんは研究室でよく泣きました。あなたにとって，この就活は「過去の自分」を振り返り「新しい自分」への脱皮行為だったのかもしれません。家族愛，恋愛との葛藤もあったけれど，最後に神様がご褒美として，内定をくれました。「ドラマのようだね」という言葉がぴったり。

「自分は頭がわるい」と思い知らされる日々でした。そのなかで、バレー部で活動することで自分の居場所を見つけていました。四回靭帯を切ったり、腰のヘルニアになったりして注射を打ちながらも試合に出たこともありました。それだけ頑張って、地区優勝に貢献するほどの活躍をしました。しかし、「自分は頭がわるい」といつも思っていました。入試で国公立に行けなかったので、せめて、母親が卒業した私立B大学も受験しましたが、すべて不合格。今の大学に入学しました。「A高校を卒業しても、今の大学にしか入学できなかった」という負い目に近いものをずっと長い間持っていました。

親の期待に反発し、アパレル業界をめざして

高校ではできる姉とは異なる生き方を求めて三年間を過しました。大学でも、家を離れて生活するなかで、大学の二年生までは、高校時代には経験しなかったことをいろいろしました。合コンはもちろんのこと、クラブに遊びに行ったりもしました。コンパニオンなどのアルバイトもして、大人の世界も少し経験し、成長したという自負がありました。「真面目でできる姉」には決してできない経験も。そして、大学三年生になり、自分の将来を考える時が来ました。就職活動をし始めた時、何をしてよいかわかりませんでした。とりあえず、**「親の期待」**に従い**「親のレール」**に乗ろうとして、三年の秋から公務員試験の準備のために、授業後、専門学校「資格の大原」に通いました。そこには社会人の人たちもいて、勉強をする真剣さと熱意を感じ、頑張ろうと、高校受験の時のことを思い出し、リクルートスーツを着て、学校に通う日々が続いていました。

しかし、**「公務員になることは私が本当したいことなのか」と疑問に思い始め、**その気持ちがどんどん強くなってい

きました。そして、それが自分のやりたいことではない、と強く思うようになりました。**親たちの言う「公務員になり、地元に就職するように」**という勧めに対して反発する気持ちが強くなり、それよりも自分の好きなアパレル業界に進むことを決心していました。

なぜ、アパレル業界に行きたいと思ったかを振り返って考えてみました。それまでの自分の人生にその要因があったように思います。地元では一流高校に進学することを期待されたので、高校受験は死ぬほどに頑張りました。そして、念願のA高校に入学してしまった後、何をしてよいかわからなくなってしまいました。就活を始めた時、高校時代に何をどうしていいかわからなかった時のように、迷ってしまいました。その時、**「親たちの期待」と「自分のしたいこと」の中での葛藤が一番苦しかったことでした。それでも、親の期待通りではなく、姉とは違った生き方をしたいと思っていました。**親たちが反対していましたが、泣いて説得したら、親たちも私の意思を尊重し、その方向で就職活動をすることを認めてくれました。

世界で一つだけの私のエントリーシート

就職活動を始めた当初は「エントリーシートってなに？　エントリーシート？」って感じでした。会社の指定した内容（志望動機、学生時代に一番頑張ったこと、長所短所、将来の展望とか……）を書かなきゃいけないけど、**「この紙切れ一枚書いたところで、私の何がわかるの？」**って思い、何を書いたらいいのかさっぱりわかりませんでした。とりあえず内容に沿ってペンを動かしてみようと思いましたが、手が止まるばっかりでした。その頃、自分の就職希望がはっきりしていなくて、大学のキャリアサポートセンターの担当者から、批判されるのでないかと思い、キャリアセンターにはまだ行けませんでした。

「自分じゃどうしても書けない」って思ったら、私は信頼できるゼミの先生の研究室に足を運んでいました。就職活動の最初のエントリーシートはアパレル商社の事務職。先生と自分の過去を振り返って二〜三時間話して、気づいたらボロボロ泣いていました。親の仕事に対する自分の思いとか、姉と自分との比較、幼少期の家庭環境、高校進学後の燃え尽き症候群だった自分。大学入学後のさまざまな経験を振り返ったら、なぜか涙が止まりませんでした。拙い言葉でしか伝えることのできない自分の思いを、先生は親身に何時間も聞いてくれ、汲み取ってくれました。

それで世界で一つだけの私のエントリーシートができました。自分で読んでも、先生や友達が読んでも「いいね★山本さんぽいね」って言ってもらえるエントリーシートは、多分、あの時、自分一人で考えても、キャリアセンターに行ったとしても、生まれなかったと思います。実際、「この就職難な状況では、企業側の求める人材になりきったようなエントリーシートを書くことも必要なのかな」って思っていたこともありましたが、**「私はこの自分らしさを受け入れてくれる企業で働きたい」**と思いました。

「人間としてすばらしい」と評価されたのが嬉しかった

就職活動をしていくなかで、私は今までこだわっていた大学受験の価値観に対して疑問をもつようになっていました。そして、友達からのメールに感動しました。「いつも思いやりのある人、あなたに会えた人は、喜ぶよ」というもの。このメールを受け取り本当に嬉しくて、携帯メールに保存していました。**受験という偏差値とは異なる評価基準によって、生まれて初めて、私が「人間としてすばらしい」と評価されたのが嬉しかったのです。**

しかし、一社落ちるごとにへこみました。就職活動を始めた頃は**「自分は社会から本当に必要とされているのだろうか」**という就職活動を終えた先輩方から耳にした言葉にも、「まさか。そこまで？」と思っていましたけれど、実際、私もなかなか就職活動がうまくいかないと、同じ言葉が何度も頭によぎったりしました。**顔がパンパンになるまで泣きながらも、翌日の他社のグループディスカッションに行ったり、鳴らないケータイを一日中気にして、結局、一日が終わるまで鳴ることがなく、味気ない結果通知の仕方にもどかしさを感じたことも続きました。**

就活を通して人の温かみに触れ、一人じゃないということも実感

たまに小言を言いながらも見守ってくれている両親や、いきなりかけた長電話にも付き合ってくれて悩みや愚痴を受け止めてくれる姉。「一緒に頑張ろう」「〇〇なら大丈夫」と励まし合える友人や過去に切磋琢磨した同志。「乗り超えられる人の前にしか試練という壁は現れないんだよ」と支えてくれた大切な人など。**「もぉだめ」って心が折れそうになるたびに、たくさんの人に何度も救われたことを改めて実感しました。**就職活動を通して改めて人の温かみに触れ、一人じゃないということも実感していました。

いろいろなことを試して、当時、自分自身が夢と思っていなかった、地方の銀行に勤めるものよいのではないかと考え始めていました。姉は勉強のできる学生で、国立大学に行って研究所で勤めています。そのようなできる姉とは違った生き方を敢えてしてきました。そして、それは、自分の生きる道を模索するなかでの就活でした。

山本友里子さんの履歴書

フリガナ	ヤマモト　ユリコ
氏　　名	山本　友里子
生年月日	1988 年●月●日
希望勤務地	愛知県
希望職種	アパレル業界・公務員
E-mail	OOOOOO. △△×@ user.co.jp

1. 出生を含むあなたの人生７大事件を以下の年表に記載しなさい。

年	月	EX）７大事件についての記入
1989		山本家の２姉妹の次女として生まれる。
2004	4	中学校で高校受験のために全力で頑張る。家族全員が通った念願の地元の進学高校に入学。
2005		高校ではバレー部で頑張る。ただし，勉強に興味を失い，赤点を取ることもあった。
2009	4	大学に入学，一人暮らしを始める。高校ではできなかったことをいろいろ経験。お姉ちゃんとは違う生き方を考える。
2010	9	両親の期待に従って，公務員をめざし，資格の大原に通うダブルスクール生活を始める。
2011	3	就職活動をするなかで，アパレル業界に興味。両親の期待を始めて裏切って生きようとした。
2011	7	就職活動をしていくなかで，再度公務員を考え，勉強し，地元の市の公務員試験に合格。

2. 以下の枠内に自由に「自分」を記入しなさい。

思い立ったら，一心に突っ走るタイプ，集中力には自信があり。

友達との人間関係を大切にし，みんなと盛り上がるのが好き。

就職活動を通して，両親と姉の優しさを実感し，自分の見方が変わり，コンプレックスも消えた。

努力すると報われると実感している今日この頃。

偏差値の低い大学に通っていた私が内定をもらえた

その後、就職活動の幅を広げ、銀行や一般企業も受けましたが、内定を受けることができませんでした。そのようにつらく厳しい就活生活をするなかで、どんなことがあっても家族が全面的に私のことを支えてくれたことに家族の愛を感じ、家族とともに過ごす生活もよいのではないかと思うようになりました。そこで、以前親たちが言っていた、「公務員になるのもよいのではないか」と考え、「資格の大原」に再び通い、公務員の試験勉強を始めました。後がないと思い必死に勉強していた私には、「今から公務員の就職試験はむずかしいよ」という声など聞こえず、私は夏休みを卒業論文作成のための勉強と公務員試験のための勉強に専念しました。

面接でも地元の「公務員になりたい」という強い思いを、面接官に必死で伝えることができ、最後には、地元の市の公務員試験に合格することができました。公務員試験には、A高校を卒業し、有名大学に行った同級生も多く受験していました。しかし、その同級生たちの多くが不採用だったにもかかわらず、偏差値の低い大学に通っていた私が内定をもらうことができたわけです。内定の知らせがきた時に、指導の先生に電話をかけて、一緒に喜んでもらいました。「先生、ドラマだね。ドラマよりうまく行っちゃいました。頑張った甲斐がありました。本当に嬉しいです。ありがとうございました」と言うことができ、私の公務員試験に受かるまでの就活の葛藤の日々はやっと終わりました。

二節　私の夢は、世界を駆け巡るバイヤー

加藤晴美さんの就活の図式化

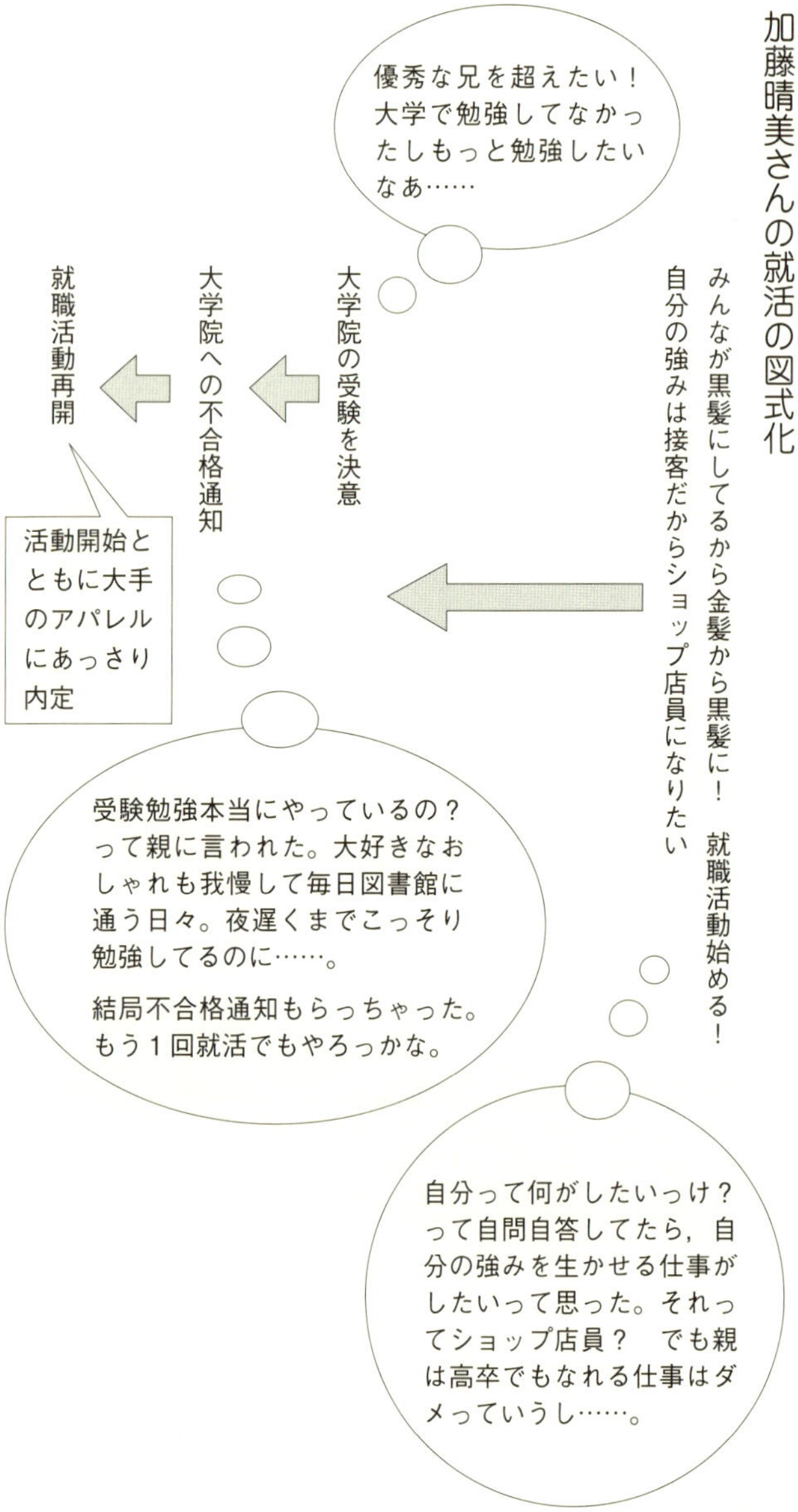
みんなが黒髪にしてるから金髪から黒髪に！　就職活動始める！
自分の強みは接客だからショップ店員になりたい
自分って何がしたいっけ？って自問自答してたら，自分の強みを生かせる仕事がしたいって思った。それってショップ店員？　でも親は高卒でもなれる仕事はダメっていうし……。
優秀な兄を超えたい！大学で勉強してなかったしもっと勉強したいなあ……
大学院の受験を決意
受験勉強本当にやっているの？って親に言われた。大好きなおしゃれも我慢して毎日図書館に通う日々。夜遅くまでこっそり勉強してるのに……。
結局不合格通知もらっちゃった。もう1回就活でもやろっかな。
大学院への不合格通知
就職活動再開
活動開始とともに大手のアパレルにあっさり内定

内定

バンドとクラブを楽しむ日々

大学年生の頃は、バンド活動に打ち込んでいたので、バンド仲間とスタジオに入り、赤字覚悟でライブを開き、好きなバンドが来日した際はライブに行き、お金の使い方は音楽が中心でした。もちろん、ファッションやメイクにも興味があり、少ないバイト代から必死に払っていました。バンド活動がいったん中心になると、それまでロックミュージックしか聞かなかったけれど、ヒップ・ホップやビーアンドビー（B&B）にも幅を広げ、その影響でクラブにも行くようになりました。

二十歳になりお酒が飲めるようになってからは、クラブに行き、バイト代で近くのホテルの部屋を借りて何時でも帰れるようにそなえたり、タクシーを使ったりするようになりました。この頃、新しいバイトをするようになり、それまでの**学生アルバイトが多かった職場から、私しか学生のいない、ちょっと高級なインポートブランドを扱うお店に移りました。**そのおかげで、出会ったり、付き合うようになった人たちが大きく変わり、新しい

マモル君の観察日記⑦

加藤晴美さん，外見は派手なお姉さん，心はピュアな少女のような人。このギャップが発見でした。ノーメークで大学院を受験すると言ったあなたも実際のあなたの姿。しかし，アパレル業界で活躍するあなたがやはり本当の姿だね。

大人の世界で、大人と遊ぶことに憧れをもっていました。そして、背伸びをして年上の人々、男女問わず遊びに行っていました。そのような人々と付き合いながらも、やっぱり同い年の長い付き合いの友達とおしゃべりしたり、ご飯を食べに行ったりすることも楽しく感じていました。

バイトの一番の目的は、学校という社会の中だけでなく、男女、年齢、バックグランドの異なる人々と出会い接することで社会人として生きていくうえで必要な対応などを学ぶことであったし、身に染みてそれを学ぶことができたと思います。お金の面では、アパレルで働いていると本当に悲しいほどお金が貯まりません。新作の服を買ったり、**「歩くマネキンになれ！」**と上司から言われると、美容や化粧、髪型にお金と手間がかかります。お客さんが自分よりおしゃれでキレイで美意識の高い人だったら、私が店員でも、接することが億劫にもなります。そうならないために、もっとファッションやメイクにお金をかけていました。

留学では「もう日本に帰りたい！」と何回も心の中で叫んでいた

日本の大学にいた時は、遊びとバイトが中心でした。そのような日本での大学生活を離れ、夢だったカナダへの留学をしました。その留学生活の中で、私は新しいことを学び、留学生として学ぶことの楽しさを実感して帰国しました。しかし、カナダ留学の最初は大変でした。

「もう日本に帰りたい！」と何回心の中で叫んでいたか、数えられないほどあったと記憶しています。カナダへ留学する前にも、一人で海外へ行ったりした経験もあったので、出発する前はまったくといっていいほど不安などありませんでした。しかし、いざ家族や仲のいい友達と別れて知らない国、知らない人々に囲まれ、半年も生活しなければいけなくなった時、今まで気づかなかった本当の自分がわかった気がしました。

いくら弱音を吐いても日本に帰れるわけでもないし、友達もみんな頑張っている、なにより応援してくれている家族が日本で成長した私で帰って来る日を待っていると思ったら、くよくよしている場合ではないと感じ、日本を旅立ってからおよそ二週間続いたホームシックにも打ち勝つことができました。一か月経つ頃には、だんだんと新しい環境にも慣れ始め、いろんな国から来た生徒たちとも自然と仲良くなっていくことができました。

不安だったが、充実した勉強

学校での授業は私にとって楽ではありませんでした。私のクラスメイトほとんどが半年以上は現地での生活を経験していたので、リスニングやスピーキングはすごく自然で慣れている感じがしました。ちゃんと授業についていけるのか不安でいっぱいでしたが、途中で投げ出すことは絶対にしたくなかったので、授業後は図書館へ行って勉強したり、ホストファミリーに宿題を教えてもらったり、自分なりにどうにかクラスのみんなに追いつけるように頑張りました。今振りかえるとつらい時期だったように感じますが、生活がとても充実していたようにも感じます。私のカナダでの生活は絶対に忘れることのできない大切な思い出となりました。もちろん楽しかったことだけではなく、いろいろな苦労も経験しました。そんな時は、一番仲の良かった西アジアから来た留学生の友達が、**「Don't worry, be happy」（くよくよせず、楽しく）といつも私を励ましてくれました。**とてもいい友達に巡り合え、たくさんの貴重な経験をするチャンスを与えてくれた父や母、いつも見守ってくれた友達にとても感謝しています。これだけ得たものを無駄にしないよう、英語の勉強をもっと頑張っていきたいと思って帰国しました。

「私って、何がしたいんだっけ？」

「頭ではわかっているのに、行動に移せない」これが私の悪いところです。三年生の秋、半年のカナダでの留学を終えて帰国し、周りの同級生につられて金髪を黒にし、一応、スーツを買い、就職サイトに登録し、形だけは就活生になりました。でもその時、**「あれ、私って何がしたいんだっけ？」**と遅かったのですが、気づきました。それまで、将来について真剣に考え、夢をもち、目標に向かって何かをする、ということをまったくしていなかった自分を恥じ、情けなくなりました。必死になって、自問自答をしました。自分が何が好きで、何が嫌いか、何が得意で、何が苦手か、そのぐらいは把握していたのですが、まわりの友達が将来の自分を具体的に描いている姿を見ると、一人取り残されたように感じ、**自分の将来が見当たらず、夜になると不安で泣いたりもしました。しかし、泣いても笑っても時間は過ぎていくだけ、「何か行動を始めなきゃいけない」と焦っていました。**それまで、頭で考えるだけだった私は、就活のおかげで何かを自発的に行うということの必要性を知りました。

「高卒でもできるような仕事はだめだ」と両親に言われて

私が好きなことはなんだったのかと考えました。ピアノをずっと習ってきたし、バンドでギターやベースもやってきたことがあるので、まず、音楽が思いつきました。ライブに行くことも好きだし、クラブにも行くし、世界中の伝統音楽にも興味があります。次に、ファッション、特に、インポートのデニムブランドでアルバイトをしているので、カジュアルなデニムファッションが好きです。接客業のアルバイトを通して、人々との出会い、いろいろなことを知ることも好きでした。

就職活動を考えている時に、自分の強みが接客であることに気づき、今バイトしているショップで働くことを両親に相談しました。「店舗店員をしたい」と親に言ったら、「高卒でもできるような仕事はだめだ」と言われました。以前は「自分の好きなことをやればよい」と言っていたので、店員になることを反対してきた親たちに戸惑いましたが、親たちに反発することもできず、悩みの日々は続きました。

「本気で勉強したい」と大学院受験を決意

三年生の時の留学は、私にとって大きなインパクトを与えるものでした。留学の経験からいろいろなことを学びました。そんななか、留学中にホストファミリーが今まで出会ったこともなかったレバノン系カナダ人であったこと、クラスメイトであったアラブ系留学生と時間をともに過ごし、彼らの食文化から宗教、習慣や音楽など、すべてにおいて興味がわいていたことを思い出しました。私にはまだまだ知らない世界がたくさん存在し、留学に行っただけで、自分はグローバルな人間だと勘違いし、何も知らないことを知っているかのように理解していた自分が見えました。その時、私は**もっと知識を深めて、勉強していくことはできないか**と思い、大学院受験を決めました。大学院を受験することを決めて指導教員のところに言って相談しました。「何を研究したいから、大学院に行くのですか。研究者になるためなんですか。修士を修了してから何をしたいのですか」と聞かれましたが、「それが問題なんですよね。大学院で本気で勉強したい。いままで勉強してないからなんです。別に研究者になりたいとは思っていません」と答えただけでした。そして、私が大学院に行きたいと思った他の理由にも気づきました。

優秀な兄を超えたくて

私には一歳上の「優秀で頭のよい」兄がいます。二人兄妹は、両親からいつも比較されてきました。**「兄は頭がよいが、私は頭が悪い」**ということでした。高校受験で、兄がその地方でトップの進学校に入学し、国立大学、大学院に合格し、今大学院の一年生ですべての点において、問題なく過ごして、両親の「誇りの息子」でしたが、私は、その高校に入学できず、すべり止めの女子高校にしか入学できなかったという劣等感をもっています。

私が大学院に行きたいと思っていたのは、ただの思いつきではありませんでした。というのも、**「受験し合格するということで、いつも後を追いかけてきた兄を超えてみたい」という気持ちが強かったからです。**国立大学に通い、スポーツも遊びもすべてうまくこなしている兄をずっと見てきて、私も「兄のようになりたい」と小さい頃から思っていました。もちろん、兄はすごく努力はしていただろうけれど、私も兄のように大学院生になれたら、今まで私が「頭のよくない子」と思われてきたことも撤回できるし、両親も喜んでくれるだろうという考えをもちました。もちろん、受験は私のためであり、将来を決める一大事であることはわかっていました。まず、先生に「私、受験する」と切り出して、兄にも両親にも仲のいい友達にも伝えました。幸いにも、誰一人として否定的なことを言う人はおらず、私の志望を受け入れてくれる環境にすごく感謝しました。

「本気でやっているのか」と非難する両親

私は大学院入学することをめざして勉強し始めました。入試を二か月後に控えた七月中旬のことでした。その決心をしてから、本気でいろいろなことをやっていましたが、親に注意されたことに落ち込んでしまうこともありました。

「バイトなどやっている暇があれば、大学院のための受験勉強したらどうだ！」と。私としては、長年続けているバイトなので、そのシフトなども入り、すべてを断ることができないので、最低限のバイトを続けていますが、親たちが、それを理解してくれないのがつらく、先生の前で涙を流して話してしまいました。

親たちが寝静まった後、家を出て行った兄の部屋で寝不足になりながらも、卒業論文や授業関連の宿題などをしっかり勉強していましたが、その一生懸命やっている姿を知らない親たちが、「本気でやっているのか」と私を非難することがつらかったです。**「本気で頑張っている私」を見てほしい、理解してほしいという小さい頃からの切なる願いでした。**大学院受験に賛成してくれたはずの兄には、実際に大学院受験をすると言ったら、「それは無理だ」と一言で否定されました。「こちらが努力して、変わろうとしているのにひどい」と悲しく思っていました。

一流進学校に入学できませんでしたが、女子高の雰囲気のなかで、高校生活を楽しんで、自分としては、満足しているが、両親たちはそのようには考えていないように思っています。「高校の時から、今まで、何もせずに遊んできたことを反省して、これから頑張ろうとしているのに、親たちが自分のことを信用してくれない」ことが私の悩みの根源だと気がつきました。

毎日、すっぴん、タンクトップにジーンズで図書館通い

学生最後の夏休み、それまで毎日欠かさずしていたバッチリメイクもおしゃれもやめて、毎日、すっぴん、タンクトップにジーンズで図書館で一日過ごしました。一日一冊本を読み、テレビやインターネットもニュースしか見ず、友達の誘いもすべて断り、勉強しました。目標のために、何かにすべてを打ち込むことがこんなに楽しいことだなん

加藤晴美さんの履歴書

フリガナ	カトウ ハルミ
氏 名	加藤 晴美
生年月日	1989 年 10 月 3 日
希望勤務地	国内なら名古屋，海外なら英語圏
希望職種	サービス業
E-mail	OOOOOO. △△×@ user.co.jp

1. 出生を含むあなたの人生７大事件を以下の年表に記載しなさい。

年	月	EX）７大事件についての記入
1989	10	加藤家の長女として誕生，一つ上の兄，父，母，父方の祖父母の６人家族
2005	4	兄が通っていた進学校に受験するも失敗。親が勧めていた私立女子校に通うことに。部活をまじめにやり，学級委員をやり，成績も上位にいた私の人生最大の分岐点となった。
2010	2	高校卒業後，そのまま受験せずエスカレーターで大学へ国際コミュニケーション学部に入学，２年目にカナダに留学し，私の中の世界観が変わる。
2010	9	帰国し，日本で生活するふつうの女子大生として自分を見つめ直すとともに就活スタート。
2011	10	思ったとおり就活が進まず，親にはあまり賛成されていなかったアパレルへ進むことに決める。外資系アパレルということで英語が使えると思ったから。
2012	6	仕事に対する目標，仕事をしている自分に疑問を抱き，事務系に応募するがすべて落ちる。私にはアパレルしかないと考え，再スタート。
2013	3	次第に仕事に対して目標を抱くことができ，自分の実績が受けから評価され始めた。親からの自立を考え，一人住まいを始める。

2. 以下の枠内に自由に「自分」を記入しなさい。

親たちは子離れしてくれない，そんな過保護の私ですが，思い立ったら一直線の性格。 親に反発して「自立」のために家をでた私です。 外見はハデ。しかし，「ピュアな」心の持ち主です。

て知りませんでした。中学の受験以来、こんなに机に向かったのは初めてで、でもまったく苦になることなく、常に前向きでいられました。

結果は不合格でした。私の一つの夢は叶わなかったので、悲しくて泣きました。今でも夢で院合格した自分をみることがあるぐらい、そのぐらい合格したかったし、熱意があったことに気づかされます。自分がやってきたこと、選択したことには悔いはないし、満足しています。勉強したことで私が得たものはこれから何らかの役に立つことを信じているし、ベーコン哲学では「知識は力なり」と言っているし、これでよかったとポジティブに考えるようにしています。

デニムブランドのバイヤーの地位まで昇りたい

今、私には夢があります。インポートのデニムショップで働くこと、そこで店長をめざすこと。働きながら、興味ある分野について勉強しながら、チャンスがあれば、また社会人枠で大学院の受験をしてみたいと考えています。**英語の勉強をもっと頑張って、バイヤーなどの地位まで昇りたいです。**

私が不合格通知を受け取り、泣いていたところ、祖父が「まだ若いんだから、これからいろいろな可能性があるよ」と言ってくれました。「そのとおりだな」と思います。これからは頭の中だけで考えず、とにかくいろいろなことを行動に移し、努力する私になっていこうと考えています。もしかしたら、こんなことに気づくには遅かったかもしれません。でも就職活動が気づかせてくれて、私にはこの時期に自己を知ることは必須であったと感じます。

夢は「世界中を駆け巡るバイヤーになること」

受験した大学院入試に失敗した後は、すっきりして、卒業論文を頑張ることにして、夏休みに受験との関連で勉強したアラブ世界についての卒論を書き始めました。一段落ついたところで、就活もしようと思って始めたら、すぐに内定が出てしまいました。みんなが苦労しているのに、すぐ決まってしまったことに当惑しました。「こんな簡単に決まって本当にいいのだろうか」と思い、友達や先生にも相談しました。**自分が好きなアパレル業界で、後にバイヤーにもなれる、ブランド商品を扱う大手企業。**その頃までには、以前反対していた両親たちも「何でもいいから、就職さえしてくれればいい」と言って、三月頃に反対していた時とはまったく態度を変え、内定が決まったことを喜んでくれていました。私はまったく努力もせず、面接に行ったら、その場ですぐ「いつから働ける？」と言われ決まったことに不安がありました。「他の人たちがあれだけ努力しているので、私みたいにすぐ二つも内定もらってしまっていいのか」と思って悩んでしまいました。しかし、その後、さまざまな友達とも、親たちとも話し、みんなが喜んでくれる姿を見てやっと決心がつきました。契約社員として働き出しています。**今は、「世界中を駆け巡るバイヤーになる日」を夢見ています。**

三節 小さい頃の夢と今の私

横井紀子さんの就活の図式化

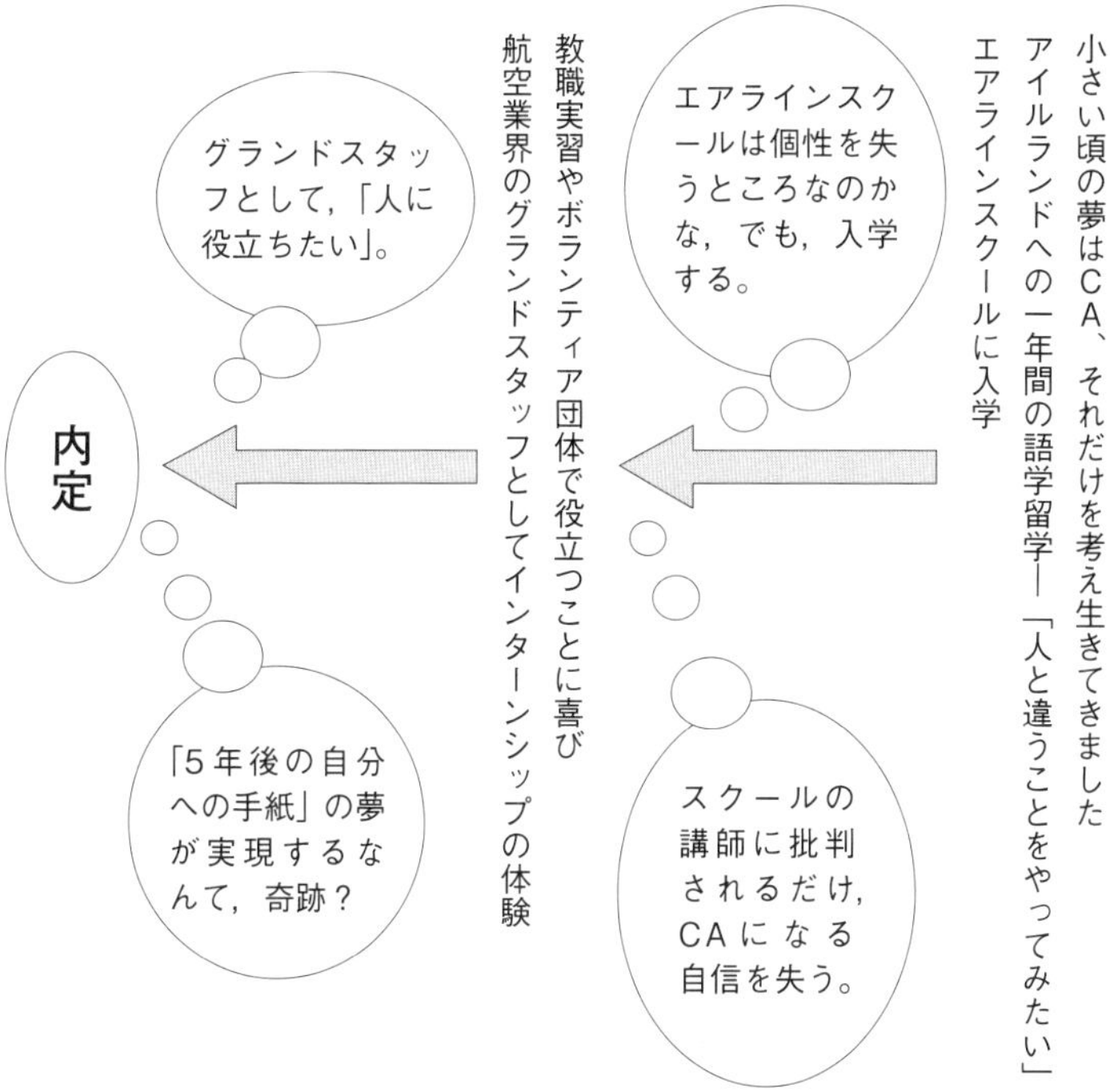
小さい頃の夢はCA、それだけを考え生きてきました
アイルランドへの一年間の語学留学―「人と違うことをやってみたい」
エアラインスクールに入学
エアラインスクールは個性を失うところなのかな，でも，入学する。
スクールの講師に批判されるだけ，CAになる自信を失う。
教職実習やボランティア団体で役立つことに喜び
航空業界のグランドスタッフとしてインターンシップの体験
グランドスタッフとして，「人に役立ちたい」。
「5年後の自分への手紙」の夢が実現するなんて，奇跡？
内定

MAMORU @ TSUKADA

マモル君の観察日記⑧

横井さんは，ボランティア活動に熱心で教師にも向いている人でした。しかし，あなたが最終的に選んだのは，「小学生の時の夢＝航空業界で働くこと」でした。その決心してからの就活は夢を実現するために奔走する日々。「本気で決心すれば夢は叶う」の必然の奇跡だったね。

小さい頃の夢は、CA（客室乗務員）だった

私の就職活動は、大学三年生の十月から始まりました。と言うのも、幼いころから私の夢はCA＝客室乗務員になることであり、倍率が高く難関と言われる航空業界に就職するため、某英会話スクールのエアライン科のコースに通い始めたからです。しかし、それまで航空業界の就職活動について調べていて感じたのは、エアラインスクールに入ると、過去の面接試験で受かった答え方や内定者の容姿などの真似が多くなり、個性が出せなくなるというものでした。**人と違うものが好きな私**にとって、**個性がなくなることは最も嫌なこと**であり、皆同じ方向へと強制させられるイメージのエアラインスクールに入る決意は、簡単には下せませんでした。しかし、航空業界、しかもCAになることだけを目標にして生きてきたと言っても過言ではない私は、少しでもその夢に近づけるならとエアラインスクールに入校することを決意しました。

この年より、学生の就職活動が本業である学業より優先されている現実をこれ以上悪化させないため、企業側の就職説明会は十二月以降に定められていましたが、私は友人たちの中ではいち早く髪を黒く染め、気分を就活モードへと切り換えました。

エアラインスクールでの試練―個性を否定されて

結論から言うと、エアラインスクールは私にとって試練の場所。就職活動や面接をすることより大変だった、という思い出があります。それは担当の講師（某航空会社の元CA）の先生の教え方が、自分がエアラインスクールに思い描いていたとおりだったからでした。面接での受け答えや、どのような回答が面接官に好まれるか、自己紹介の文

章の作り方、履歴書の書き方まですべて細かくチェック・添削され、添削に出した文章は毎回赤ペンで真っ赤に修正され、返さたことも多くありました。それに、添えられたコメントは辛口のものが多く、「なぜこんなに簡単なこともできないのか」と問われるものも多くありました。今思い返せば、そのような厳しさを味わっていたので、就職活動を乗りきれた部分はあるのかもしれない。しかし、毎回のそのような返却物と直接講師から言われる辛口な言葉に、私は自信を失くしていました。「あなたはまったくＣＡには向いていません」講師からそう言われたのは、面接の模擬練習の際でした。私の歩き方や話し方が、ＣＡに求められている繊細さを欠いていたようで、クラス全員の前でそう言われたことはつらい思い出としてあります。

航空業界をめざすことへの迷い

その頃の私は自信が完全になくなっており、長年夢見ていた航空業界とは異なる職種も考え始めていました。その一つは、教師です。親が教師であり、自分自身も興味があることから大学では教職課程を履修していたからです。そして、その授業の一環として経験した養護学校やデイサービスセンターでの出来事や、趣味のボランティア活動で子どもと触れ合った際の体験が忘れられませんでした。養護学校にて、障害をもった子どもたちのため自分が役に立てることを知り、また、ボランティア活動では、寂しい思いをしている子どもの支えになってあげたいと感じる出来事がありました。デイサービスセンターでも、自分がしたことで周りの人が喜んでくれる幸せも実感していました。教職実習とボランティア活動で経験した人に役立ったという喜びは、強く心に残り、その後の就活でも重要な軸になりました。ですから、ボランティア団体に就職する道もよいのではないかと思うこともあり、小さい頃からの夢、それまであった軸がブレ始めていました。

私は、父が会社員、母が教師という共働きの両親の下に生まれ、保育園に入園するまで日中は市内の祖父母の家に毎日預けられていました。それから、保育園や小学校へ通うようになっても、帰宅すると祖母が自宅まで来てくれていて、毎日晩ご飯を作ったり遊んでくれたりしていました。三歳下に弟もいた私は、幼い頃に母に遊んでもらった記憶があまりなく、教師である母親に対し、子ども心に「自分の子どもより他のうちの子どもと一緒にいるなんて」と嫌悪感を抱いていたこともありました。そんな過去もあり、実は、元教師である祖父や母から、教師になることを勧められても断固拒否していました。しかし、そんな自分の気持ちが変わったのは、留学先でのある出来事でした。

留学で「自分の好きなことの探究心」の再発見

私の両親は旅行や出かけるのが好きで、物心ついた頃から週末には必ずどこかへ出かけていました。私も当然のように出かけるのが好きになり、小学五年生の時、家族旅行で人生初の海外旅行であるタイに訪れてから、外国が大好きになりました。従兄の家が外国人留学生のホームステイを受け入れていたこともあり、外国人と接しこれまで知らなかったいろいろなことを知ることが楽しく、大学では留学することを決めていました。そして、大学二年時に一年間休学した私は、日本人留学生が少ないというアイルランドに語学留学しました。

留学中、語学学校で知り合った友人を頼りに一週間チェコに滞在していた際、私は地元の小学校を訪れました。友人がチェコにて教師斡旋企業を経営しており、その関連の小学校にて子どもたちに異文化交流の機会を設けようと、私を招待してくれたのでした。英語も通じないチェコの小学校の子どもたちを相手に、私はおり紙の遊び方や日本の挨拶を紹介しました。小学校でしたことと言えばそれくらいなのですが、もとから子ども好きだった自分にとって、その小学校での体験はインパクトのあるものでした。微々たるものではあるのですが、人に何かを教えるということの楽しさに触れた経験でした。また、友人の奥さんが教師だったのでさまざまな体験談や考え方を聞き、それまで母の印象だけで決めつけていた「教師」という仕事に対しての考え方が変わりました。留学後、大学二年生になった私は教職課程を履修し始めたのでした。

留学経験はまた、私の生き方にも影響を与える大きな出来事でした。留学で世界中から来ている人々に出会い、日々生活していくうちに、それまでの自分がいかに受け身であったかを思い知らされました。さまざまな人種民族の友人たちは常にアグレッシブであり、物事への取り組み方が積極的で、どんなことも進んで楽しんでいるように見えました。自分の好きなものへの探究心も半端ではなく、毎日キラキラと輝きながら生活しているように感じたのです。「そんな人間に自分もなりたい」と心から思った私は、留学後、興味のあることやできることには迷わずに飛び込んでいくようになり、ボランティア活動などもその一つとなりました。

グランド・スタッフ（航空業界）でのインターンシップを経験して

そのような時に、大学でインターンシップの募集が発表されました。その企業の中には、地元空港のＡＮＡ系のグランドスタッフの企業が初めて加わっており、私は少しでも航空業界を直接見る機会が増えれば、とＣＡでないグランドスタッフのインターンシップに迷わず応募し、選ばれることができました。このインターンシップを経験することで、私はＣＡしかめざしていなかった自分の考えを完全に変えることになりました。また、「航空業界」という、その他の一般企業よりも就職活動の時期が長く、専門性が高いゆえに就職活動中も入社後も非常に厳しい、と言われる世界に入る覚悟をすることができました。

インターンシップをした三週間は、毎日が必死でしたが本当に楽しい時間でした。空港の建物の内部には、これまで見たこともない機材、暗号のように書かれた英単語や文章・記号、航空業界についてそれまで調べていても調べ切れなかった空港関係の職業の人たちなどについて学び、想像もできなかった世界が広がっていきました。「STAFF ONLY」と書かれた扉の中にも普通に入って行ける、そんなことですら夢だった私にとって、このインターンシップは、憧れの世界に一歩近づけたようで、有意義で充実した毎日でした。

グランドスタッフへの興味のめばえ

そんな日々のなかで改めて気づいたこと。それは、空港には「さまざまな人」が訪れるということです。観光客もいればビジネスマンもおり、子どもやお年寄りの方、また体が不自由な人など、飛行機に乗る多くの人々にはいろいろな目的があることを知りました。そして、そういった人たちへのサポートがグランドスタッフの仕事の中でも大切なものの一つということも知りました。遠方の祖父母のところへ一人で行く子どものお客様の付き添いをしたり、車いすやベビーカーが必要なお客様へのサポートをしたりと、お客様一人ひとりに合わせた臨機応変さが必要な仕事なのだと痛感する毎日でした。またお客様への対応だけでなく飛行機が安全に離着陸できるようにするのも、まさにグランドスタッフの仕事で、常に空港に居ることで飛行機を利用する以外のお客様とも関わることができたりと、「これまで夢見ていた航空業界を支えているのはグランドスタッフなのだ」と、インターンシップを終える頃には思うようになっていました。そして、ＣＡでは実現できなかったであろう、**自分の中にもともとあった「人の役に立ちたい」**という思いを、グランドスタッフとして実践したいと考えるようになりました。

その後は、航空雑誌のこれまで抜かしていたグランドスタッフのページを徹底的に読むなどし、ＣＡよりもグランドスタッフの採用試験を中心に受けていきました。航空業界に入れるなら全国のどこでもいいと考え、毎週のように北海道から福岡へと往復する日々が始まり、航空業界の就職活動において最も忙しかった七月中は、一日に二回試験を受けたこともあり、午前中は大阪で午後は東京で面接をしたこともありました。**そんな日々のなか何度も、「なぜ航空業界なのか」「なぜグランドスタッフなのか」とわからなくなることもありましたが**、その度にインターンシップ中の日誌や体験したことを思い出して、自分を励まし奮い立たせていました。また試験会場で出会い仲良くなった友人もでき、情報を交換し切磋琢磨しながら試験に臨んでいました。

その結果、七月の初めに地元の空港のグランドスタッフの企業からと、八月の中旬に東京のグランドスタッフの企業から内定をもらうことができました。

目標は達成できるのではないか―奇跡？

ちなみに、就職活動中最もへこんだのは、インターンシップをした企業に履歴書の段階で落ちた時。面接にも進めなかった悔しさは尋常でなく、その時期に出さなければならなかったエントリーシートにはかなり消極的に取りかかってしまい、送付期限は締め切りぎりぎり、かつ、散々な内容だったかもしれません。ですが実は、その散々だったと思っているエントリーシートを提出した企業が東京の内定をもらった企業であり、長年東京へ行きたかった思いも

横井紀子さんの履歴書

フリガナ	ヨコイ ノリコ
氏　　名	横井 紀子
生年月日	1989 年 12 月 7 日
希望勤務地	国内，海外問わず
希望職種	航空業界（CA 志望）
E-mail	OOOOOO. △△×@ user.co.jp

1. 出生を含むあなたの人生７大事件を以下の年表に記載しなさい。

年	月	EX）７大事件についての記入
1989	12	横井家の長女として誕生（父・母・私・3 歳下の弟の 4 人家族）
1999	?	小学 5 年生。 クラスの友達とうまくいかず悩む（忙しい両親，特に母にはとても相談できなかった）
2004	4	地元では名の知れた進学校の高校に入学。 気の合う友達が多くできて青春を謳歌！（まったく勉強せず，部活・恋愛に生きる）。
2007	4	私立 O 女大学に入学（本音では，進学校卒なのに当大学入学が恥ずかしい）。
2008	6	1 年間大学を休学，アイルランドに語学留学。 さまざまなことを経験。 自分の物事の考え方・生き方が変わる。
2012	3	就職活動中，グランドスタッフのインターンシップを経験。 自分が想像していた職業とは違うことに気づく。 自分が本当にやりたいことを考える。
2012	8	就活終了。 家を出て，グランドスタッフとして生きていくことになる。 たくさんあるやりたいことをグランドスタッフとして実践しようと決めた。

2. 以下の枠内に自由に「自分」を記入しなさい。

「人にどう言われるようと，自分のやりたいこと・自分の信念に向かって突き進むのみ！」と，いつも言いつつも，実は人一倍周りからの目や人のことが気になっちゃう超心配性。そんな性格もあり，いつも何かに挑戦したり目標を立てて動いていたりしないと，不安に…。でもその分，決めたことへの情熱さ行動力は半端ではなく，どんな夢も叶えられると信じてます！　常に新しいことをして学んで，生涯成長し続けたい心配性なアクティブ人間！？

あり、現在はその企業への就職を決意しています。

　そんな就職活動のことなどすっかり忘れ、卒業論文も書き終わり、すべてから解放されていた十二月、届いた一通の手紙。それは高校三年生の時に書いた、「五年後の自分への手紙」でした。そこには、当時の生活内容や友人とのことに加え、将来の夢のことがしっかり書かれており、その内容は現在在籍している大学を卒業し、某航空会社のＣＡになっていることでした。就職活動中に悩み、ＣＡは自分には合っていないと実感しあきらめ、その夢みていた航空会社というのが、内定をもらうことができた東京の会社でした。そんなことを書いたことなどすっかり忘れていた私は、信じられない気持ちと「夢が実現したんだ」という気持ちを実感することができました。迷いに迷った末の結果でしたが、「実はずっと前からめざしていた道だったのだ」と思うと、初めて「すごいことをしたのかな」と改めて自分を褒めたくなりました。

　私は、常に目標や夢をもって生活するようにしていますが、明らかに無理難題な目標でない限りは、時間はかかっても、きっと達成できるのではないかと感じています。今後も、**誰よりも自分のことを信じて、**迷っても、遠回りしても、その瞬間をいつも全力で進んでいきたいと思っています。

第三章 「個性重視」タイプ

学生の皆さんのなかには、自分を変えて他人に合わせることが苦手な人がいます。同時に、自分の個性を知って、その個性に合った職業をめざすことも、就活では活きるのではないかという場合があると思います。この章に出てくる二人は、自分の個性、好みを知っており、それに合った会社を中心に応募することで、うまくいったケースだと思います。

最初の田宮さんは「おっとりとしていて、就職には向かないのではないか」と言われるほどで、競争社会には不適応を起こすのではないかと思われました。そんな彼女に合う職業などあるのだろうかと、就活をしている田宮さんを見て心配することもありました。自分の個性を忘れ、他の就活生と同じように活動していた時、「お祈りメール」ばかりを受け取り、自信をなくしていた田宮さん。そんな彼女にとっても天職があったようでした。そこへ至るまでの彼女の葛藤の物語に読者の皆さんも共感できると思います。

二人目の加藤さんは、頑張り屋を地で行くタイプですが、好みがはっきりしている人です。会社訪問しても、自分のフィーリングに合わないとエントリーシートすら提出することもなく帰宅することもあったようです。それに、地元で働き、将来も親たちと一緒に生活したいと思っている、地元志向は、彼女の好みの一つでした。この好みを捨ててまで、会社に勤めたくないと思っていた個性ある女性の就活の物語です。

一節　競争心もなく、おっとり系の私

田宮香織さんの就活の図式

年配の人に囲まれてのほほんと仕事がしたい！

愛知県勤務で笑顔の多い，困った人を助けたり，相手を喜ばせることのできる職場がいいなあ。

→

広くすべての人－みんなに奉仕を

面接で「くやしいって思ったことないでしょ！」って言われたり，つらい思いしたけどやっぱり人のために働きたい！！！

→

A病院で働きたい

マモル君の観察日記⑨

「おっとり系」という形容詞がぴったりの田宮さん。他人のために何かをすることに喜びを見出し，みんなが幸せになってほしいとだれよりも思う人。「競争社会，日本」そんなあなたにも合う職場があることに安心しましたよ。

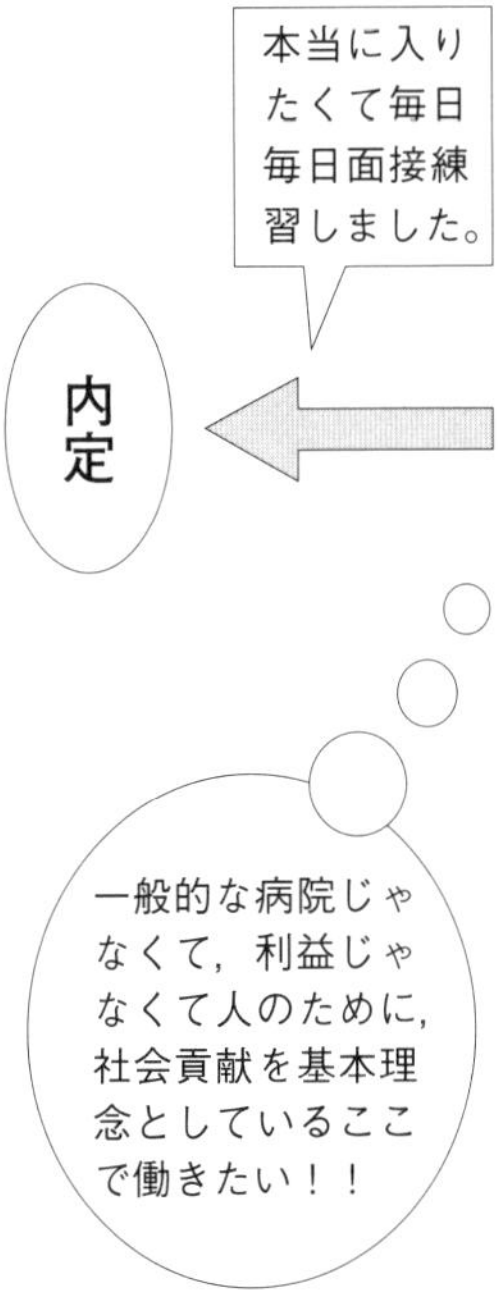
本当に入りたくて毎日毎日面接練習しました。
内定
一般的な病院じゃなくて，利益じゃなくて人のために，社会貢献を基本理念としているここで働きたい！！

私は愛されて、育てられた一人っ子

私は、親戚の前や来客の方の前で、「自分はいい子でいなくては」と思い、振る舞ってしまいます。でも「いい娘さんね～」と言われることがおばあちゃんの生きがいで、いい子でいようと思っています。

親の価値観と、一人っ子ということも私の性格に影響していると思います。メリットは、一人っ子だから、欲しいものは大抵買ってもらえたこと。習い事は今までたくさん（ピアノ、習字、華道・茶道、そろばん、英会話、塾×三、家庭教師、テニス、スイミング、チャレンジと学研）やりました。一人で遊ぶ（一人カフェ、旅行）ことがうまいと自負しています。デメリットは、その半面、親は過保護で、親が「だめ」って思ったら絶対に許してくれないこと。できるだけ親の期待に応えてあげたいと思っていますが、「私にはそんなに力量はないの」と言いたいが言えません。実のところ、「いい子」でいるのにすごく疲れる。人にもまれない分、競争心がなく、意気地なしだと思います。

バイトもインターンシップも丁寧にゆっくりと

大学三年になってアルバイトを始めました。それまでは、二度面接で落ちた経験があります。トミカ（ミニカー）の販売と、ミスドの店員のアルバイト。アルバイトの面接であまり落ちないらしいけど、私は二度も落ちました。実は、アルバイト経験がなかったにもかかわらず、無謀にもホテルのインターンシップに参加しました。自分の何もできなさにすごく悔しかった思い出があります。他の子はカフェとか結婚式場のアルバイト経験がある子たちばかり。主体的に動くことができてないのが私だけで、**「そんなに礼儀正しくなくていいから、もっと早くして！」と注意されることばかりでした。**

それでも私にあったアルバイトを見つけることができました。鉄道の車内販売の仕事でした。そのアルバイトは丁寧にゆっくりとお客さんと話をしながらする電車の販売店員で、私の性格に合っていると思います。私にとって、アルバイトとは仲間との交流の場であって、お金を稼ぐ場ではありませんでした。

就活は、人生で初めて経験する戦い

「就職戦線」という言葉にも違和感を覚えながら、いろいろな職に応募しましたが、採用されませんでした。「どうしても内定を勝ち取る」という競争心はありませんでした。就活は、私にとっては初めて経験する戦いのようなものです。中学は地元の公立中学で、当時の担任の先生の勧めで私立女子高校に推薦で入学し、最初は看護師に憧れていましたが、看護師としての実際の厳しい仕事のことを考えて看護の道をあきらめ、大学はそのまま今の学部に学内推薦で来ました。英語は昔からやっていて好きだったし。**今まで受験とか勝負とかそういうのが嫌で避けてきました。**

「落ちたらどうしよう」とか「失敗したらどうしよう」とかいつも考えてしまうほうでした。採用内定がもらえなかった時の就活を反省してみると、自分には**「どうやっても内定をもぎとってやる！」っていう熱意がない**のかもしれません。あと、機械系の会社ばかり受けてきたのもだめな要因の一つだと思います。機械を見ているのが好き、「理系男子がいるかも？」という理由で受けていたのですけど、Aちゃんに「機械ばっかり見ている仕事ってある？」って先日言われて、「そうか！　ないわ！」とやっと気づきました。内定が決まらなかった時には、就活の話になると、やたら泣けてきてしまって、これはつらいから泣いているのではなくて（ちょっとはつらいけど）、みんなが応援してくれる優しさに泣いていただけです。

年配のひとたちに囲まれて、のほほんと仕事したい

「就職＝婚活！」と友達に聞いて、それに踊らされて理系男子のいそうな会社ばっかり受けていました。これは「アホ」でした。それで、その考えを改めて、私に合った職場について考えました。「のんびり働けるところ」「給料はそれほど大事じゃない、もらえればいいかな」「愛知県勤務」「笑顔が多い職場がいい」ということです。

仕事内容については、「笑顔が見られる仕事」「人に喜んでもらうことはすごく好き」「困っている人の役に立つとき、頼まれた時、自分の予想以上の力が発揮されるような気がする」と考え、こんな職場と仕事の内容が合ってるのではと、思うようになってきました。けれど、どんな仕事があるのかわかりません。できれば、ベンチャー企業よりも、年配のひとたちに囲まれて、のほほんと仕事したいと思っていました。

「くやしいと思ったことないでしょ」と言われて
　私にとって就職活動で辛かったことは、友達と一緒にいられなかったことでした。**就活はつらい。**「つらかった…」って言うのかな、何がつらいって、説明会とか面接で授業は休まなくちゃならなかったし、就活とゼミ合宿二回ともかぶるなんて運がない。スーツは色が暗くて気分が沈むし。**そんなに行きたいわけでもないところの履歴書は文字を大きく書いてスペース稼ぎしたり、面接では早く答えなくてはいけないから焦って、とんちんかんな答えを言ったりしました。友達間がギスギスしてきたりすると一番つらい。余裕がなくなってきて、友達の遊びのお誘いを断ったりした自分も嫌いでした。**
　二番目につらかったのは、前回受けた会社で、フィードバックをもらって「**あなたからは熱意を感じられない**」「**くやしいと思ったことないでしょ**」と言われたこと。まぁ当たっていると思いますが。その前日は京都にゼミ合宿で、みんなの発表が聞きたかったのに、「いいな」と思った会社だから、わざわざ帰って来ているのに、**自分の言いたいことが、なんで伝わらないんだろって初めて面接中に泣いてしまいました。**すぐ友達に電話して、二人で大きなアイスを食べに行って、家に帰ってこれでもかってくらい寝ました。
　でも、つらいだけじゃなかったです。面接で一緒だった子が同じK‐POPアイドルファンであることがわかって友達になってそのお母さんとも仲良くなったこと、帰り道が同じだっただけで恋バナ聞けて、カフェでお茶したこと。一人で出かけるのが好きだから、説明会で今まで行ったことない駅で降りて、晴れた日に歩くのは気持ちがよかったです。帰り道に探検して、おしゃれなパン屋さんを見つけるのが楽しみだったりしました。そう言えば、なかなか決まらない私を見かねた友達Aさんが二時間くらいかけて履歴書を練り直してくれたことなど。あと、やっぱり「他人は蹴落とせない」「利益を求めていけない」優しい友達・新しくできた友達・家族・先生・同い年のいとこ・親戚・キャリアサポートセンターの存在が優しくてやっぱり人が好きだってこと。

広く、すべての人、皆に奉仕を

私は、内定をもらう前に、いろいろな就職先に不採用になり、自己分析のために、**「就職ノート」を書き留めていました。**「就職ノート」にやりたいことが書いてあるページを読み返していたら、こんなことが書いてありました。

やりたいこと：「広く、すべての人、皆に奉仕、ボランティア、人との交流を助ける、誰かのサポート」「人との交流が好き、人の役に立つ、困っている人の力になりたい、元気づけたい」

理由：「人に喜んでもらえると嬉しいから、笑顔を見るのが好き」

職業観・価値観：「人を蹴り落としてまで仕事×、お金×」「堅実で安定していて、優雅じゃなくていいからのんびりとしたいことができる環境」「制服があるといいな」。このように「就職ノート」に書いて反省していました。

困っている人のために精一杯働きたいと思って応募

「これだ！　私のやりたいことって！」「本当に嬉しい！　人のために働けて、しかも給料ももらえるなんて」と思いました。一般的な病院じゃなくて、社会貢献を基本理念として謳い、利益じゃなく人のために働くことを目的とする「A病院」で本当に働きたいと思っていたから、面接終わってから一週間ずっと夜「彼氏が一生できなくてもいいから『A病院』で働きたいです！」って願っていました。「自分が真剣に望んだことは実現できる」ってB先生書いていたし、友達Aさんが「一〇〇人受けに来ても本当に入りたいと思っているのは五人くらいだから、倍率とかは関係ない」っていう話を信じていました。

・「A病院」の使命：「わたしたちは苦しんでいる人を救いたいという思いを結集し、いかなる状況下でも、人間のいのちと健康、尊厳を守ります」

・基本原則：「人道、公平、中立（すべての人の信頼を得て活動するため、いっさいの争いに加わらない）、独立、奉仕（利益を求めず、人を救うため自発的に行動します）、単一、世界性」

この「A病院」の使命と原則に私はすごく感動して、とても共感し、困っている人のために精一杯働きたいと思って応募したのです。

面接とは、「希望している人材に合っているかを見るものだ」と初めて知りました

先生に「面接の練習しようか？」と言われても「じゃあ、筆記試験が受かったらお願いします」って言っていた気がします。すごく入りたいとは思っていたけど、筆記試験の問題がちんぷんかんぷんだったから、まさか受かるとは思っていませんでした。けど、面接の日程の紙が届いて、**もう「ここだ！」と思ったから、先生に面接の練習をお願いしました。**今でもその時殴り書いた面接でのポイントの紙がとってあります。「☆雇ってもらうための面接！！」「**熱意！！**」「**印象！！**」「**イメージ**」「**この人と一緒に働きたいと思わせる！**」「**笑顔！！**」「**楽しい人！！**」と大きく書いてあります。**面接とは、「文章ではわからない、希望している人材に合っているかを見るものだ」**と就活を始めて九か月、ようやくわかった、というか、初めて知りました。今までの面接では、ずっと「**素の自分**」**を見せていまし**

た。

実は、先生との面談の約束をしていた前日、入院していた（母方の）おばあちゃんが亡くなりました。その時は面談も試験も断ろうと思うくらいつらかったです。けれど、せっかく先生も時間を割いてくれるし、なにより甘えていると思われるのが嫌だったから話しませんでした。暗い雰囲気になるのも嫌だったし。「A病院は合っている」って言われたけど、仕事していて、またこういう状況に遭遇するのかなと思ったら、病院じゃなくて企業で利益を求めようかなとも考えたこともあります。

ゼミの指導教員の先生に面接の練習をしてもらって、五つの点を指摘されました。

①自己ＰＲが長い、しかも何が言いたいのかわからない

②身体的動き（もじもじしていたらしい。自分じゃ気づかなかったことだけど、指摘されてすごく恥ずかしかったです。）

③目を合わせない、きょろきょろしている

④と⑤は忘れました。

自信をもって間違ったことを言ったけど、運よく受かったわけです。就活は縁って言うけど、縁って何なんだろうと今から思えば不思議です。運よく受かったっていうのが縁なのかな、それとも入りたいという真剣な目とか想いが縁を引き寄せるのかな、今はわかんないです。

嬉しくって、ぼろぼろとたくさん泣きました

毎日練習するように言われていた自己ＰＲと志望動機は前日と当日しかできなかったけど、徹夜してその分練習しました。火曜日の面接は、七分間でした。「もっと喋らせて！」と最初は思っていたけど、今思うと七分でよかったかもしれない。ほぼエントリーシートの確認で、①語学力、②習い事についてちょろっと、③なぜ病院を志望するのか？（すごく納得してくれて、「人が好きなんだね」って言われた）、④私の声について、⑤アルバイト（車内販売）、⑥自己アピール三〇秒でした。三〇秒というのに焦って、最後にまたとんちんかんなことを言ってしまいました。⑥の自己アピールは自己ＰＲ・自分の特徴を話さなくちゃダメなのに、志望動機を熱い気持ちで話していました。でも「本当にここで仕事がしたいんです」と締めくくっちゃった。なので、面接の人は「うーん？」って顔をしていました。**ずっと五日間緊張していたから、面接が終わってからはぽっきり折れた感じでした。**水曜日ゼミに行ったけど、何も考えが浮かんできませんでした。卒業論文のテーマの理系男子なんてどうでもよくなりました。でも、支えてくれる友達が一緒に四駅間散歩してくれたから、また段々友達とも話したいと思っていました。

結果の返事が遅いほど不採用が多いらしく、「明日からまたキャリアサポートセンターに通うか」と思っていたところでした。Ａ病院からの内定の結果を受け取ったのは、私が熱狂的ファンのドラゴンズ優勝バーゲンの真っ只中で、中日ドラゴンズをお祝いしたい気分だったのですが、自分の就職の内定の方が嬉しくって、ぼろぼろとたくさん泣きました。やっぱり今考えると、「あの日練習してもらって試験受けるのをやめなくてよかった」って本当に思います。つらくて泣く日はもう来ない、泣かなくてすむんだと思って、ホッとしています。

田宮香織さんの履歴書

フリガナ	タミヤ　カオリ
氏　　名	田宮　香織
生年月日	1989 年 5 月 7 日
希望勤務地	愛知県，自宅から通えるところ
希望職種	一般事務職（受付など第一希望）
E-mail	OOOOOO. △△×@ user.co.jp

1. 出生を含むあなたの人生７大事件を以下の年表に記載しなさい。

年	月	EX）７大事件についての記入
1989	8	田宮家の一人っ子長女として誕生（父，母，祖母，犬の家族）
1997	4	小学校に入学。給食では皆が掃除を始めても一人残って食べている程のんびり。学校が終わると習い事の毎日で，掛け持ちして行くことも。
2005		中学３年。受験を考えていたが，担任の先生半ば強引な勧めで私立女子高に推薦をもらう。
		高校，勉強はそこそこに今ののんびりな性格に拍車がかかる。大学受験も考えたが，親の強い反対とまるっきしダメな理系科目のせいでそのまま付属の大学へ。
2010（大学１年）	2	大好きな英語を学ぶ。語学短期留学を経験し，直後はワイルドになったとのこと。しかしすぐ元の自分に戻る。
2011	2	理系男子の行動に興味を持ち，ゼミでの研究テーマとして取り上げる。
		人生で初めてのつらい経験（就活）をする。自分のことをうまく伝えられず泣くことも多かった。遅がけだったが，第一志望だった就職先に内定をもらう。

2. 以下の枠内に自由に「自分」を記入しなさい。

優しい父，おしゃべりな母，だれにでも親切な祖母の一人っ子。
競争とは無縁な世界で生きてきた。
他人のために働きたい，人に喜んでもらいたいという思いが強い。

二節　地元企業に焦点を当てて

加藤智子さんの就活の図式

「自分に合うかどうかで企業を決める」

どの企業でもいいから応募するってわけじゃない！　でもどんな企業にもアンテナをはって，説明会に参加したり，パソコンと向き合って，その会社が自分に合うか考えてた！

↓

地元企業を中心に３０枚以上のエントリーシートや履歴書を書く

１枚書くのに１～２時間かけて丁寧に書きました。

↓

思っていることを伝わりやすい自分の言葉ではっきりと

家族との関係や，自分の価値観を素直に伝えようと思った。あと，集団面接で前の子と同じネタだけは絶対に話さないように注意した。

↓

内定

マモル君の観察日記⑩

地元の祭りのハッピ姿がよく似合う加藤さん。地元の友達，家族を大切に思うことが原点にあり，就活もそこからすべて始まっていました。「元気印」の女性として，バイト，勉強，そして，就活に全力投球する姿はエネルギーに満ちていましたね。

子どもよりも仕事に忙しい親たち

両親は、毎日朝から夜まで仕事をしています。自営業は自由なのではというイメージもあるかもしれませんが、実際、自由などあまりありませんでした。休みの日を変えるのは簡単ではありません。毎日のように利用してくれる常連のお客様もいて、迷惑がかかってしまうからでした。幼稚園や小学校の休みは土日、祝日。しかし、休日のお店は忙しく、平日でもぱらぱらだが、お客様が来ます。子どもの私には一日が長かった。毎日、両親と顔を合わせることはできる。一人になる時間はない。だから寂しくはなかったのですが、そんなのは嘘でした。

私は本当に休日が嫌いでした。とても退屈だったからです。それとは逆に、両親は大忙し。なかなか相手もしてくれないし、当然お出かけなどしたことはありません。だから、周囲の友達がとても羨ましかった。そして、時々、憎くも感じていました。休日明けの幼稚園や学校は、苦痛。

私がまだ小学校一年生だった頃、姉が習い事からお腹をすかせて帰ってきました。ばたばたと帰ると、両親に、

「ねぇ、夜ご飯もうできた？　お腹減った！」

と言いました。私も正直お腹が減っていました。時計を見たらもう夜七時近く。飲食店を営んでいるうちでは、この時間はちょうどピーク時。親は家事などできる状態ではありません

でした。ある日、とても忙しい時間に、同じように帰ってきて同じことを言う姉に、
「うるさいわ！　まだ仕事が忙しいんで、そんなもんやっとれへんのや、我慢しろ！」
と父が怒鳴りました。姉は半泣きになって、その後の食事でもずっとテレビを見ていて、お腹が減るのを通り越していつも眠そうだった。私も同じで、そんな姉の横で夕食をとっていました。すごい勢いで怒る父親を見て怖くなった私は、それからはますます自分の主張ができなくなりました。

高校受験が近づいた頃、毎朝五時に起きて登校する八時まで勉強し、帰ってすぐ勉強、夕食とお風呂の後から夜中の二時までまた勉強という日々を送っていました。あいかわらず、親とは何も話しませんでした。勉強に必死だったからなのか、両親との会話が気まずかったからかよくわかりません。母と口を利いたのは、嫌々受けると言って高校に願書を出しに行った時くらいでした。

ここでも素直になれていない自分がいました。私はこの時期、受験勉強を始めてから五キロ以上体重が減って、目の下は毎日隈だらけ。両親が起きる前から勉強し、両親が寝てからも勉強していたからでした。

お前らには好きな道を進んでほしい

入試が近づく頃まで、受験する高校選択について、親たちと口論することもあったので、長い間親たちとは口も利かず、無視をしていました。親たちは、仕事のことが大切で私たち子どものことなど、心配していないと思っていたので、一人で受験勉強に集中しようと思ってやっていました。ところが、入試の前夜、何故か父が、勉強している私の部屋に来ました。私の体調を心配してきたようでした。そして、父は目を真っ赤にさせて私に言いました。

「大事なときに悪かったな、集中できへんかったやろ？　**お母さんら、みんな心配していろいろ言ってきたわけやけどな。お前がやりたいようにやればいいんやでな。**無理しやんでもいいけど、頑張れるだけ頑張ってほしい。ちゃんと寝て、明日、頑張ってな」。

父は三人兄妹の長男で、先祖から受け継いで今のお店を経営しています。父は高校生の頃、車が大好きで将来は車関係の仕事をしたかったようでした。しかし、祖父が強制的に父を名古屋に修業に出して将来を決められてしまいました。父は何も言えず、ただ従うしかなかったのでした。

「お前らには好きな道を進んでほしい。**俺は好きなことはできへんかったけど、今の仕事を好きになって頑張れとる。**間違った道に進んだわけやないけどな」。

私は父からこう聞いたとき、胸が痛くなりました。

そんな両親の仕事に対する姿勢と、その裏にある私たちへの思いもすごく嬉しく思いました。それに、そんな両親を素敵だなと改めて思うことができました。両親は冷たかったように見えて、本当は誰よりも私たちのことを考えていたのでした。私はそんな両親の働いている姿を毎日見て育ってきました。**将来も、こんな親たちと一緒に過ごせたらいいとその頃から思い始めていました。**

「金銭的に世話になってはいけない」とバイト

高校生時代はアルバイトができなかったので、大学にあがって初めて経験したことになります。アルバイトをしようと思ったというよりは、しなければいけなくなったと言ったほうが正しいかもしれません。その理由は、自分の遊ぶためのお金だけでなく、携帯代・定期代も自分で払わなくてはいけなかったから。周りの友達には、親が小遣いもくれてそれに携帯も定期も自腹ではない子もいました。羨ましかったけど、仕方ないしそれが当たり前でもある気がしていました。四日市から大学まで通うには、毎月に換算すると一万円ほど消えていく。携帯はそれほど通話しなくても八千円。二十歳になってから、年金も毎月一万五千円程支払うようになりました。こう考えると、毎月遊ばなくても三万三千円以上は消えていく。**大学は制服もないし、服や教科書代金ももちろん自腹。行動や交際の範囲も増え、遊ぶお金もいる。貯金もしたい。そんなわがままが、アルバイターの道へと導きました。**

私は定期的に行うバイトを二つ掛けもちでやっています。一つは地元のパン屋さんで販売員。デパートの中のお店なので、二十三時まで営業しています。学生の私はもちろん遅番の勤務で、割のいいバイトでした。遅い時間は時給千円で夜勤手当もつく。それに家も近いから両親も心配しない。二つ目は名駅の飲食店でホール接客。名駅の主要百貨店の上階にあるお店で、売り上げもよく、忙しさも半端ではありません。でも時間がはやく経つように感じて、時給も千円以上もらえて学校帰りに寄るので都合がよかったから選んだバイトでした。この二つに加えて、出身高校での模試監督のアルバイトや年末年始はコンパニオンのバイトも経験してきました。手帳を見ると、一か月の三分の二程バイトに入っている状況でした。毎月十万円程稼いでいたと思います。

「なんでそこまで?」と言われることも多々ありました。アルバイトで貯めたお金で二年生の夏に一か月カナダに語学学校に通って勉強することもできました。「全額自腹だったら行ってもいい」という条件下で、どうしてもコストを抑えなければと考えて学校の研修は安心だとは思ったけれど、自分で航空券の手配や学校へ応募を行って、ある意味貴重な経験ができてよかったとプラスに考えています。部活もスキー部というなんともお金のかかる趣味があるので、そこでの出費もけっこうなものでした。

アルバイトで得たことは語りきれないほどありました。一番胸を張って言えることは、**タフになったことです。**大学が一限からの時は毎朝六時前には起きる。大学まで一時間半かかるのと、自分でお弁当を作るからです。毎日学食だと、絶対お金がもたなかったので、これも仕方なかったことの一つでした。でもこのおかげで得たのは、料理が得意になったことと早起きが習慣になったこと。大学に行って終わったらバイトで二十三時まで働くと、帰ったら〇時。課題がある時は二時くらいまで起きていました。バイトをしたことで、いろんな世界を知ることができました。仕事のことや、仕事に対する思いや、親の立場の気持ちなど。ただ単に給与がいいからやるのではなく、個人的には人と話すことやお酒が好きだから続いたお仕事でした。

コンピュータと毎日何時間もにらめっこの日々

バイト、海外留学、ゼミでの勉強など三年生になるまで、いろんなことを一生懸命やってきていたし、いろんな経験をしていたので、就活は簡単だと思っていました。私の就職活動は、三年生の後期、春から始まりました。どんな企業の情報にもアンテナをはり、いろんな所に応募し、説明会に参加しましたが、結局、**「自分に合うかどうか」でその企業を見きわめることが大切だと思い、やみくもにどんな企業にも応募をすることはしませんでした。**「違うな」と思った時は応募しないほど、私は自分自身の好みと判断を大切にして、自分に合った企業をさがしていました。コンピュータと毎日何時間もにらめっこして、そうとう頑張ったと自分で思っても、それが結果としてあらわれませんでした。**「就活の馬鹿野郎！」と何度も思ったけれど、「時代のせいにしてもいけない、企業のせいにもしてはいけない**

な」と思っていました。「動き方次第、考え方次第で、また結果が変わってくるんだな」ということは少なからず感じました。

私は、採用活動を行っているかどうかわからない企業に、突然電話して問い合わせたこともあります。今年に募集を出していない採用の枠についても、熱意をもって聞いてみました。履歴書を書いて説明会に参加しても、企業の話を聞いて「違うな」と思い、せっかく書いた履歴書も置いて来ずに帰ってきたこともあります。「何も無駄になることなんてないんだ」と言い聞かせて、いつも動いていました。就職活動にも「自分なりの創意工夫が必要なんだな」とも感じていました。

三十枚以上のエントリーシートや履歴書

エントリーシートや履歴書を書くことが就活のなかで一番労力を使ったことと言えるかもしれません。**エントリーシートの書き方を大学の就職セミナー聞いても、就活本で勉強して理解しても、いざ書くとなったらなかなか進むものではありませんでした。**でも、これを書かないと受けられないので、一枚に一～二時間。志望動機がなかなか思いつかない時は、企業のホームページを見て研究するだけでも数時間かけて、一枚一枚書き上げていました。このエントリーシートというものに、私は疑問をもちました。もちろん、書いたことが企業に伝わって、私がどんなことをしてきたか、どんな人間かというものがわかってもらえたら、時間をかけた甲斐あると思えるのですが、**「このエントリーシートを本当に読んでくれているのかな」**という疑問もありました。また、いくつかの企業では、説明会の時点で履歴書や会社が指定したエントリーシートを提出しなければならないところがありました。「まだ企業の方の話を聞いていないし、自分の知りたいことや質問したいことなど、まだ疑問をもったままでいるのに、志望動機なんてしっかり書けないいんじゃないか」と。そんな思いのなか、**三十枚以上のエントリーシートや履歴書を書きました。**でも、やっぱり、何時間もかけて書いたエントリーシートが通って面接に進めたときは、すごく嬉しかったのは事実でした。そして、次の段階には面接が待っていました。

「応募した会社に合うか合わないかだ」

私は面接を何回経験しても慣れませんでした。私自身、圧迫面接（理不尽な質問をわざわざして、受験者を困らせ、動揺させることを意図した面接）というものを経験することなく、それほどつらくないように思われましたが、実際、つらかったです。面接官の方の態度は理解できませんでした。面接の時に、あたかもすごく好印象のように対応してくれた会社でも「お祈りのメール」を送ってきます。私がそのなかで頑張れたことは、**「絶対前の子達と同じネタを話さないこと」と「無理やり作った文章を話すのではなく、なるべく伝わりやすい自分の言葉ではっきり話すこと」**でした。

私は地元の企業を中心に受けていたので、家族との関係や地域と自分の間にある関わり（地元の祭やボランティアなど）を大切にしていることなど、自分の価値観と考え方をはっきりと伝えました。**「どの会社が良いか、悪いかではない」「応募した会社に合うか合わないかだ」**と何十回も経験した面接を通じて感じていました。「会社によってもどこを見ているかが、きっと全然違う。それだったら、本当に見てほしいところを見せよう」という考えで、面接に挑んでいました。私は、自分の希望に正直になり、「地元志向」を強調するという戦略で、**自分の思っていることをなる**

加藤智子さんの履歴書

フリガナ	カトウ　トモコ
氏　　名	加藤　智子
生年月日	1989 年 5 月 24 日
希望勤務地	東海地区希望
希望職種	事務職
E-mail	OOOOOO. △△×@ user.co.jp

1. 出生を含むあなたの人生7大事件を以下の年表に記載しなさい。

年	月	EX）7大事件についての記入
1989	5	手打ち麺処（自営業）を営む加藤家の次女として誕生（曾祖父母，祖父母，父，母，2歳上の姉，私の大家族）
1997	4	地元の市立小学校に入学友達がたくさんできて，毎日放課後遊んで帰る（両親は共働き，休日に出かけることはほとんどなかった）。
2004	9	地獄の受験生活（親の圧力等によるプレッシャーや大嫌いな勉強によるストレスで5キロ減）
2005	4	受験に合格し地元の公立高校・英語科に入学（真面目な校風に慣れず，優秀な学生ばかりで圧倒される。帰国子女も多く自分の英語力の無さに幻滅）。
2008	4	受験で思うようにいかず，想定外の私立女子大に入学（モチベーションの高く，華やかな学生に囲まれて日々感化される）。
2010	8	私の就職活動がスタート（インターンシップの選考さえ落とされ，早くも就職活動に不安を感じはじめる）。
2011	7	地元企業に内定をもらう（苦戦し続けていた就職活動を終える）。

2. 以下の枠内に自由に「自分」を記入しなさい。

自由の少ない自営業の家族に生まれ育ち，親に厳しく育てられてきた。褒められることをいつも望み，3人姉妹の真ん中で，自我を抑えるタイプだったので，ある意味八方美人。

受験や就職活動という節目，また出会ってきた友人や先生などの影響で自分の意思で活動したり意見をもてるようになり，バイトも授業も遊びも妥協したくないアクティブ女子。

どんなことにも好奇心旺盛に取り組み，自分なりの楽しみ方を見出す開拓人。

べく伝わりやすい自分の言葉ではっきり話すことで、他の応募者とは違うアピールができ、その熱意が伝わり、結果的に内定をもらえたのではないかと思います。

一年間、本当に動き回って、いろんなことを考えて悩んできてよかったなあ

内定を受けるまでの日々はつらい生活でしたが、私は、この就職難の中で、比較的早い段階の六月には内定を受け取りました。しかし、私が内定をもらうのには丸々一年かかりました。というのも、三年の夏にインターンシップに参加したかったのですが、そのための書類作成したことが、私の就活のスタートだったからです。結局、そのインターンの選考で落ちて、もうこの時点で、採用試験にも落ちた気分になって、自信を失くしてしまいました。**私は三年生の十月にリクナビやマイナビがオープンすると同時に、手帳が真っ赤になるほどぎっしりの予定で、就活を行っていました。**一日に三社も説明会を回ったり、**地元企業に内定がもらえないので、大阪などにも足を運びました。**

本当に何度も泣いたし、止めたくなったり、何をしたいかわからなくなって自分を見失ったりして、「就活は厳しい」と知っていたものの、「努力と結果が比例しない」と感じるほどに嫌気がさしていました。そんななか、自分がその時に残っていた会社の中で一番行きたい意志が強かった地元企業から内定の連絡がありました。嬉しすぎて、泣いてしまいました。もうあきらめていたので、次に受ける企業を捜していたところでした。私は、この瞬間に、「一年間、本当に動き回っていろんなことを考えて悩んできてよかったな」と思えました。「内定は、また試練のスタートにもなるんだな」とも感じました。内定をもらったいま、人事の方や選考に関わった企業の方に、「私を採用して本当によかった」と思ってもらえる人材になりたいと思っています。そして、「せっかく内定をいただいたからには、そこでずっと働き続けてキャリアアップしたい」という思いが高まっています。母は自営業に嫁いだので、今でも家でずっと仕事を続けています。私は、そんな母の働く姿をずっと見て育ってきました。私自身もそんな母のように家事も育児も仕事もこなせる社会人になりたいと思っています。自営で毎日忙しく働いている母の姿は、私のロールモデルでもあります。

第四章 「一直線」タイプ

この章の二人は、自分が進むべき将来を十分考えたうえで、就職したいと考えている業界だけをめざして就活をしていた人たちです。それ以外の職業には目もくれず、それをめざして、一直線に進むタイプでした。なぜ、その業界をめざすのか、という問いを発することもなく、その業界に入ることが夢でもあり、自分の性格に合っていると考えていました。

最初の岩田さんは、女性が男性と平等に働ける場所として、証券業界をめざしていました。証券業界は、自分の努力次第で業績が決まり、それによって自分が評価される世界だと考え、自分の能力を発揮したいと思っています。一人の事務員として補助的な役割をするよりも、総合職として自分の実力を発揮してみたいと考えて、それ以外の業界には応募すらしていませんでした。

二人目の佐藤さんは、サービス業に就きたいと思い、憧れ、また夢であった航空業界とホテル業界を中心に就活を行っていました。これらの業界は、女子大学生にとっては人気業界であり、激しい競争が行われていますが、その中で懸命に就活をしていました。

自分のしたいことが何かが決まっており、自分の性格を十分理解したうえで就活をするという学生の皆さんはそれほど多くはありません。しかし、この二人がそれほどまでに明確な目標をもって就活したというストーリーは、いろいろ迷いながら就活をしている皆さんにも参考になると思います。

一節　男女平等の実力次第の業界へ

岩田昌子さんの就活の図式

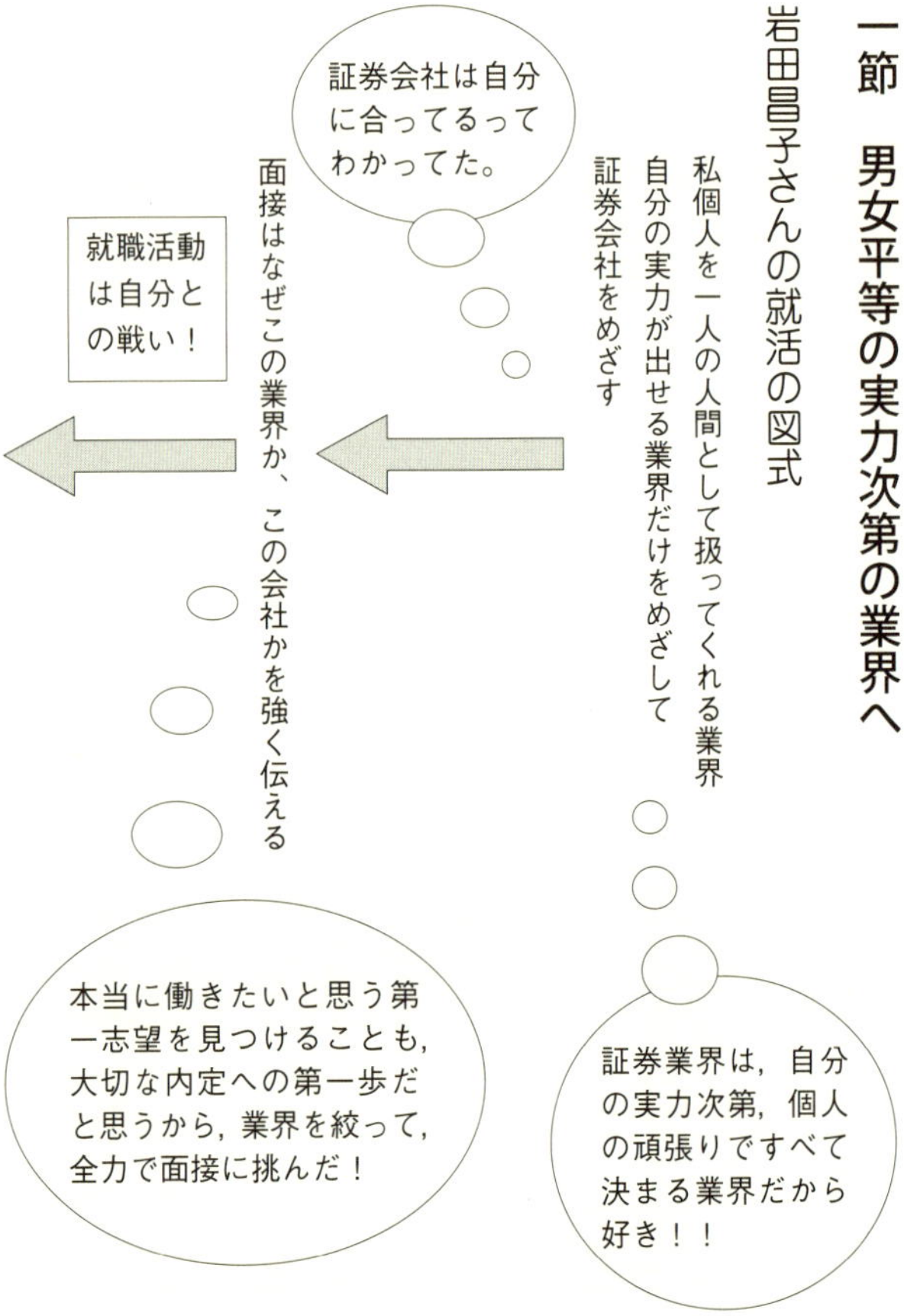
私個人を一人の人間として扱ってくれる業界
自分の実力が出せる業界だけをめざして
証券会社をめざす
証券業界は，自分の実力次第，個人の頑張りですべて決まる業界だから好き！！
証券会社は自分に合ってるってわかってた。
面接はなぜこの業界か、この会社かを強く伝える
本当に働きたいと思う第一志望を見つけることも，大切な内定への第一歩だと思うから，業界を絞って，全力で面接に挑んだ！
就職活動は自分との戦い！

内定

めざすところは証券業界

「なぜ、この業界なの」という質問を友達からもよく聞かれます。そんな質問に対しては、「私を個人として見てくれる業界なので選びました」と答えていました。私は男女平等に働ける職場をめざしていたので、証券業界を選びました。証券業界というところは、女子の職場ではなく、補助的な業務をというよりも自分の実力次第、個人の頑張りで評価が決まる業界だという印象を受けたからです。

まず、私がある証券会社に提出したエントリーシートの「志望動機と証券営業という仕事のやりがい、難しさをどのように考えるか」を見てもらえれば、なぜ、証券業界をめざしていたか理解していただけると思います。

志望動機

世界の経済、社会を牽引している金融業界で働き、世界最先端の金融の流れに直接関わる仕事に就きたいと思っていました。更にお客様のために自分で何が出来るか考え、深く直接的に関わりたいという気持を持ち、日本人として日本企業のために、またアジア人として世界におけるアジアの成長に携わることの希望を実現できると考えたこ

マモル君の観察日記⑪

一直線に個性を出していた岩田さんの背景に高校受験の失敗と女子校文化があったことなどは外見からは知ることができませんでした。しかし，それ以前の中学校時代から，岩田家の「できた長女」として，すでに使命感と自信が形成されていたんですよね。

とが御社を強く志望する理由です。日本、世界の今と将来を見極める情報を素早く察知し、お客様の求める以上のものを提供しながら向上心を持ち続け高い目標を達成したいと考えています。**証券業界で日本について、世界についてお客様と熱く語ることができるプロとして働く女性になることをめざしたいと思っています。**

私は女性として生きるというよりは、男女関係なくプロとして、個人として働きたいと思っています。次に、証券会社をどのように考えているか、エントリーシートのもう一つの質問に対して、次のように書きました。

証券営業という仕事のやりがい、難しさをどのように考えるか。

証券営業はお客様との間に深い信頼関係を築き、形のない商品に関わることだからこそ、私自身の真価が問われ、やりがいも難しさもあるように感じます。もちろん、お客様との信頼を築くことは私が考える以上に難しいと思います。しかし、**その大きな困難にチャレンジすることにやりがいがあると考えます。**まず、自分の知識を豊富にし、お客様と効果的でかつ心のこもったコミュニケーションを行い、信頼していただくことができるまでの過程にやりがいがあると思います。また、深くお付き合いさせていただきながら、証券取引の経験のない方にも、既に熟知されている方々にも喜んでいただくそれぞれに合うサービスをすることにもやりがいがあると思っています。

仕事上で自分の「真価」が問われることを生きがいとして働きたいと思っていたからです。

優等生だった私

今思うと、私は中学一年生から絵に描いたような優等生でした。とーっても真面目な生徒でした。定期テストの点数はいつも学年十位以内。学年一番をとったこともあります。通知表は一年生の時からすべての科目オール五。四をとったのは三年生に体育で二回だけでした。

勉強ができる生徒として、常に一番でいることを普通だと思っていました。みんなから「頭が良くて羨ましい」と言われていたけれどそれだけの勉強をしていたと思います。「人より勉強したら人より点数はとれるのだ」という思いから、テストが近くなると平日の塾の授業とは別に土曜日、日曜日なども塾に通い、朝九時から夜九時まで勉強していました。

このように勉強していた私に、母は、「毎回、毎回よくやるねえ、お母さんにはできないわ～」という感想を言うだけで、「次はもっと頑張りなさいよ」なんて言われたことはありませんでした。その時に考えていたことは、「良い成績があれば、偏差値の高い高校に行ける。偏差値の高い高校に行けたら、良い大学に行ける。良い大学に行けば、就職は大丈夫」。今思うと、とても甘い考え方をしていました。

高校受験での失敗

私は、高校受験を控えて、受験勉強を一生懸命にやっていました。不合格なんてありえない、と受験するすべての高校に合格しようとただひたすら勉強していたように思います。夏休みには近所の通っていた塾にプラスして、地下鉄で十五分ほどの塾の別校舎に特別講座のために通う日々でした。自分の実力をつけるためでした。今思い出しても、よく頑張っていたなと、あの時の自分を褒めてあげたいと今でも思います。

しかし、実際は、私立の第一志望は不合格でした。私立、第二志望のA女学園とすべり止めにはなんとか合格という結果でした。そして、本番の公立は二校とも不合格になり、偏差値が高く、憧れていた高校には合格できませんでした。その時の私には第一志望の高校に合格することがすべてでしたので、その結果にずっと涙が止まりませんでした。絶望感を味わっていました。そんな時、母は、

「あなたが頑張ったなら、それでいいじゃない」

「A女学園に行くくらいなら、高校には行きたくない」

そんなことを言う私に、母は家族のこんな情報を言い出しました。

「あなたのおばあちゃんたちの姉妹はみんなA女学園の卒業生なのよ」

と。さらに、お母さんは
「あなたが私立の第一志望に落ちて、A女学園に合格したことは何かの縁だと思っていたの。公立進学校のB高校よりも、もっとあなたにとって良い学校かもしれないと思っていた」

とも言いました。

その結果、私は高校受験のためにあれだけ勉強してきていたのに認められず、目標を達成できなかったことで、敗北感を持ちながら、A女学園に行かざるを得なくなりました。

不本意入学

入学前のA女学園には、「いいとこ育ちのお嬢様がたくさんいて、いじめとかもたくさんあるのかな」というイメージをもっていました。入学式後、教室に移動した時の正直な感想は、

「うわー、女子しかいない。変な感じ」

しかし、その日のうちにA女学園中学出身の二人の友達ができて、その二人からA女学園のはじめの一から十まで、校舎内のことから先生のこと、A女学園の暗黙のルールみたいなこと、A女学園の中学出身の子たちの情報まであとあらゆることを教えてもらうことができました。

入学式から帰宅後、私の一言は、

「結構楽しかった」

その言葉に母も驚いていました。

個を大切にした女子校文化

うまく言葉に表すことができませんが、女子校でのびのびと生活する彼女たちはみんなとてもキラキラしていました。それぞれ違う「自分」をもっていました。自分の好きなこと、興味あること、自分が思うままに「今」をとても楽しんでいるように見えました。「今」だけではなくて、「未来の自分」についてもしっかりとした考えをもっていましたし、物事に関しても自分の意見をもって、発言する力もありました。中学時代、私があれだけ頑張っていたテストに関しては「そこそこに」の思うままにのびのび楽しく、一生懸命な彼女たちの姿がその時の私には新しい生き方

に見えました。

「第一志望に落ちて、A女学園に入学するのも何かの縁かもしれない」と、母に言われた時は、腹が立ちましたが、今思い出すと、本当に良い縁でした。亡くなった祖母はA女学園が私に良い場所だとわかっていたのではないか。あの時の私に「A女学園で学べ」と天国から言ってくれていたのではないかと今は思います。A女学園で三年間、**個を大切に**し、のびのびと生きることを学ぶ経験をすることになりました。私にとって、この経験が大学でも活きることになりました。そして、就職先を考える時の基本的な軸になっていたように思います。

私の大学生活

他大学受験ももちろん少しは考えましたが、特に迷うことなくA女学園高校からA女学園大学に進学。コミュニケーション学を専攻しましたが、英語だけでなく、他国の文学、語学、文化、また日本の文化やポップカルチャーなどについてなど幅広く学びました。さまざまなことに興味をもち、知りたがる私の性格にはとても合っている学部でした。いつも自分の知らない世界に興味をもち続け楽しみながら学ぶことができたと思っています。ゼミでは論理的に考えることの大切さを知り、話し合いはいつも充実していました。先生方もとてもお心が広くて生徒の話を親身になって聞いてくださる方ばかりでした。

A女学園高校で馴染んだ女子校文化はもちろん大学でも活きていました。そんななか、私は大学三年の前期を終えると大学を一年間休学。ニュージーランドとイギリスへ留学しました。世界を見たくて日本を出ました。当たり前で

すが、今まで知らなかった世界で国籍や文化の違う人々と出会い、受けた影響ははかりしれません。一言で表現すると、

「個性を大切に生きて行くことの大切さを学んだ」

と表すのがしっくりきます。人と違っても全然いいじゃないですか。それがあなたの良いところですよ、と教えてもらえたような留学でした。A女学園大学のこの学部だったからこそ留学もでき、自分の就職活動をし、今の私もあると思います。

証券会社に絞るまで

就職活動といってもはじめから証券業界だけを見ていたわけではありません。私もはじめは自分がどんな仕事に就きたいのか、どんな風に働きたいのか具体的なビジョンは何一つありませんでした。ただ、割合的に多くの女性が就いている補助的な業務には私は向かないだろうな、と考えていたくらいでした。そんな私が証券業界に興味をもったのは企業展がきっかけでした。ほとんどの就活生のみなさんが一度は足を運ぶと思いますが、私も周囲の友人と同じようにある就職情報サイトの企画する企業展に参加しました。十一月頃だったと思います。早い子は十月頃から就活をしていましたので、私は少しスタートが遅かったと思います（私たちの頃はまだ十月から始めても大丈夫でした）。ただ、就職活動は早い、遅いではないと思います。もちろん、企業にはエントリーの期限があります。ある程度の準備も必要です。でも、一番大切なのは自分自身の「就職するんだ」という覚悟だと思います。私はそんな覚悟なんてまったくない状態でなんとなく企業展に参加していました。

はじめは特に何も決めずにいろいろな業界を見るべきだと思います。でも、ある程度自分の気持ちが固まったら絞って活動するべきです。私は初めての企業展ではじめに座ったブースがある証券会社でした。そこで初めて証券業界について知りました。今までに関わったことのない業界だったからこそ、とても興味をもちました。話を聞いていてとてもわくわくしました。間接金融から直接金融へという基本的な業界の話でしたが、その時の私にとっては未知な世界でした。でも、そんな世界を知りたいと、とても強く思いました。その後は証券業界をどこか気になりながらも他の業界の企業のブースなどにももちろん参加しました。大きな企業展は何回か参加しましたが、その時点で証券業界に絞っていたわけではありません。いろいろな業界、企業を見てまわりました。

さまざまな企業を知るのに学内企業説明会はとても良い機会だと思います。興味がなくても時間が許せば参加してもいいと思います。私たちが出向かなくても会社から来てくれるのですから学生にとっては有り難い話です。活用して損はないと思います。聞いてみて、やっぱり私この業界興味ないな、と思うかもしれません。それでいいと思います。自分の気持ちを知ることができたのですから。私も、観光、商社、自動車などに参加しました。証券会社以外の個別の企業セミナーにも参加しました。金融の中であれば、銀行、損保のセミナーにも参加しました。

はじめの企業展で証券業界を知ってから、他の業界にも興味をもちつつも同時進行で証券会社について調べ始めました。その頃は証券会社と言っても、個別の企業名すら知らない状態でした。

証券会社だけをめざして

ある企業展に参加しました。目的は証券会社の中でも大手と言われる会社が個別ブースだけではなく、その日のメイン企業の中のひとつとして講演が予定されていたからです。企業展には個別ブースだけでなく企業講演会場が設けられていることが多いです。良い機会だと思いました。その講演を聞くためだけにその企業展に参加しました。私はその講演を聞いてこの会社に就職したいと目標を決めました。

そこで担当された社員の方がとても魅力的なプレゼンテーションをされました。どのように表現すれば伝わるのかわかりませんが、証券業界の魅力、やりがい、今の時代だからこそ必要な職業だと言われました。日本の地方都市にいながら世界を知り、働き、お客様と共有できる証券会社で働く魅力を存分に伝えてくださいました。私にはとても響くものでした。その方は「今、就職できる君たちが羨ましい」とおっしゃったのです。証券会社は形のないものをお客様に提供しています。だからこそどんな人が提供するかが大切なのです。そんな証券業界は学生を個として一人の人間として見てくれているのだ、と私は解釈しました。お孫さんもいらっしゃると言われたその方がとてもキラキラしていました。その方の講演を聞いて、

「私はこの会社に入社するんだ」

と、勝手に決めました。本当に勝手な自分の中の宣誓でした。

それから、その会社の個別セミナーにもギリギリ間に合い予約をし、参加しました。そこで出会った先輩社員の方々はみな本当にキラキラしていました。女性男性問わず、自分の個性を大切にしながら働かれている方が多かったように見受けられました。私のその会社に対する気持ちはこうした過程で強くなっていきました。

その頃には証券会社のみにエントリーしていました。他の業界が目に入らなくなってしまったのです。他の業界のエントリーシートも書きましたが、まったくダメでした。気持ちのない企業について書いたエントリーシートは見せ

かけにすぎませんでした。気持ちが伝わるものではまったくありませんでした。エントリーシートが書けないのだからエントリーは止めようと思いました。

エントリーシート

こうした過程を経て私個人を一人の人間として扱ってもらえる業界として、就職先は証券会社に決めました。証券会社で働きたい、**自分の実力が出せる業界**で働きたいという思いは、強かったのですが、それをエントリーシートに書くことは、思っていた以上に大変なことでした。

エントリーシートを手伝ってくれると言っていたゼミの先生のところに、まず、自分がなぜ、証券会社に勤めたいかを熱く語りました。先生も理解してくれたようですが、それを文章にしようとすると最初は言葉が出てきませんでした。先生と何時間も話していく過程で、自分が何をしたいのかが少しずつわかってくるように思えました。キーワードとして何を書けばよいかを考えながら、一つ一つ文字にしていく作業でしたが、**書いていくことで、自分の考えがはっきりしてきて、**「これが私のエントリーシートだ」と思えた時に、自分なりに満足したものになっていました。この文章の最初の部分に書いている「志望動機」と「証券営業という仕事のやりがい、難しさをどのように考えるか」の文章はその時に完成したものです。いったん文章ができた後は、自分の考え方がはっきりして、「もう大丈夫」と思えました。

私は、エントリーシートを書くのはそれほど得意ではありませんでしたが、面接には自信がありました。バイト先などで自然にお客さんとコミュニケーションをするスキルを身につけていたのだと思います。

就職活動中、面接に臨む時は、一時間半から二時間から前には会場近くに到着するくらいの余裕をもっていました。そして、スターバックスを探してお気に入りの飲み物を注文して軽くエントリーシートを読み直していました。

「なぜこの業界なのか。なぜ御社なのか」。

事前に準備したのはいつもこの二つだけ。軸にしている強い気持ちがあれば伝わると信じていましたが、面接の事前練習はとても有効だと思います。

面接前はいつもゆっくりと過ごし、心を落ち着かせていました。読書を一〇分くらい。就活中はいつもかばんの中にお気に入りの本を入れていました。就活に関するルールブックとか、気をつけることについてとかの本ではなく、就職活動とはまったく関係ない、自分が元気になる、お気に入りの本を入れて、後はいつも次のようなことを考えていました。

「この会社は必ず、私に内定をくれる」。

「今日も、もちろん、よい面接ができる」。

「私に内定を出すために私はここを受けているんだ」。

毎回の面接で「内定が出る」と信じていました。今思うととても不思議な感じもするし、あまりに自信過剰すぎるとも思います。面接前はいつもとてもポジティブでした。

「この会社で私は来年から働くんだ」。

と、いつも考えていました。イメージしていたと言う方が合っているかもしれません。いつも自信に満ちあふれていたと思います。**自分の受けている会社は自分に合っているところだけだとわかっていました**し、信じていました。

「だれがどこを受けていても関係ない」。

と思っていたこともあります。ただ、

「今日も楽しい面接ができる、楽しもう」

とだけ考えていました。受けていた業界があまり、変わった質問などをしない傾向だったので、「○○に例えてください」など、そうしたたぐいの質問はあまりありませんでした。**基本、「なんでこの業界なのか?」「なんでこの会社なのか?」その二点だけを強く伝えていました。**


私が思う面接の大切なところは二点だけ。**最低限の軸となる答えを強い気持ちで伝えること。**暗記は不要。あとは、面接官と会話をできるようにしておくこと。**「面接はあくまで、会話のやりとりで、面接官の質問に答えがかみ合っていないと意味がない」**。これは日常の会話も同じ。私はアルバイトでスポーツジムの会員さんたちと他愛ない会話をいつもしていたので、何にも緊張することなくできていたと思います。それでも、面接前はとても緊張しました。面接が始まってしまえば、意外に平常心になるものでした。


「楽しんだ者勝ちだ」

と言い聞かせていました。


いつも第一志望は自然とぶれませんでした。**就職活動は本当に働きたいと思う第一志望を見つけることも、大切な内定への一歩のように思います。**私が業界を狭く一つに絞った理由は簡単。他に働きたいと思える業界、仕事内容を見つけることができなかったからです。もちろん、説明会は違う業界も参加しましたが、その業界ほどに強い気持ちがもてませんでした。よく、**「就職活動は自分との戦い」**と言いますが、本当にそのとおりだと思います。人がどの業界を受けていようが、説明会にたくさん参加していようが関係ありません。私は受ける会社の量、数が多い方が良いとは思いません。面接慣れができるから良いという人もいますが、

「全力で挑む面接なのにまったく興味のない会社で力を使うのはもったいない」

と私は個人的に思います。

最終ゴールは就職?

両親がいつも言っていた決まり文句がありました。

「最終ゴールは就職だからね」。

勉強に関しては何も言わなかった母ですが、留学から帰国後、三日目に

「どんな会社で働きたいの?」と。

海外から帰ってきて三日目、日本食を満喫したいし、お風呂につかってのんびりもしたいと思っていた私に、このような言葉を言う母に現実の世界へ引き戻されて、嫌な気分になりましたが、母親が就職のことを心配してくれていることを実感しました。

私のやりたいように、就職活動をする

私の大学在学中に妹は専門学校を卒業。就職活動はせず、ダンスを続けるためにフリーターになりました。今はアルバイトを掛けもちしながら、ダンスのレッスンに通い、たまにダンスの仕事もしているようです。両親は彼女のこ

の生活を容認しました。彼女のキャラクター的には彼女がこうして生活していくのもありだと判断していたのだと思います。**子どもの個性を尊重していた両親**でしたので。だったら、自分自身の就職活動に関しても干渉してほしくない、と思った私は、三年生の一月、これから就職活動が本格的になっていくだろうという時期に、母に次のように言いました。

「私は私のやりたいように就職活動をする。どの会社を受けるか、どの会社の選考を進むか、すべて私が決めるから、何も聞かないでほしい。決まったら教えるから」

父にも就職活動に関しても特に何かを言われたことはありませんでしたが、父は気にして、母に私の様子を尋ねていたらしいです。その後、どうしても現状が知りたいという母に私が伝えたのは、「証券業界で働きたいと思っている」ということだけでした。あとは、「今日は大阪、来週は東京」など、遠出するたびに質問はされましたが、以前みたいな質問攻めはなくなっていました。そして、「明日、最終面接行ってくる」「内定もらえたよ！」だけを伝えていました。第一志望の内定前にもらえていた二つの内定についても両親には黙っていました。最終的に内定をもらえたのは両親も知っている大企業と言われている会社だったこともあり、親たちは本当に喜んでいたようでした。

お姉ちゃんはちゃんとしたところに就職してね

その時私は、「大企業だから良いというわけでは決して思わないが、喜ばせることができたことは良かった」と思っていました。私がどうしてこの会社を第一志望にしていたとか、なぜこの業界にこだわっていたとかなど、両親は知りません。でも、それらはおいおい私が来春から働くことで伝わればいいなと思いました。「内定をもらえた」と伝えた時、母はやっぱりこう言ってくれました。

「今までどれだけ失敗していても、いいゴールができれば最終的にはそれが一番だね、よかったね」と。

私は就職活動をせず、好きなことするためにフリーターになった妹の分のプレッシャーも親からとても感じていました。

「お姉ちゃんはちゃんとしたところに就職してね」

という言葉は、長女として常に強く意識していたものでした。岩田家の長女としての家を継ぐことも私にとっては重要なことととして、今後考えていかなければならないと自覚しています。

私の思う就職活動

私は、大手企業だから競争倍率が高そう、という理由で第一志望をあきらめてほしくありません。挑戦するのに無駄なことはありません。強い気持ちをもって全力でぶつかれば相手は答えてくれると信じています。それが内定という答えとは限りませんが、そこから学ぶことは多くあると思います。私たちを見てくれているのはロボットではなく、私たちと同じ血の通っている人です。それを忘れないでください。就職活動中、悩むことも多いと思います。自分が何をしたいのかわからず、周りと比べ、弱気になることもあると思います。私ももちろんありました。本当の私は人見知りなところもありますし、面倒なことが嫌いだったりします。それでもそんな自分を受け入れ、最後まで信じていました。**就職活動は自分を見つめ直すとても良い機会です。大いに悩み、泣き、苦しんでいいと思います。その時間に苦しんだ人ほど大きく成長できると思います。**私は就職がゴールだとは決して思いません。人生はまだまだ長いですよね。あくまで通過点にすぎないと思います。むしろスタートです。あなたはどんなスタートをしたいですか。悩み抜いた人ほど素敵なスタートが切れると思います。

私は個人的に、今必ず、就職しなければいけないとは思いません。もっと学びたければ大学院に行くのもありですし、留学も良いと思います。海外で働きたいのであればあきらめてはいけないと思います。夢があるのであればフリーターとして社会で働くことで経験も積めると思います。働き方は自分次第です。私はたまたま働きたいと強く思うことのできる会社が大手の証券会社だったということだけです。それだけの違いです。イメージしてみてください。あなたはどんな人になりたいですか。そのためにはどんな職業に就いている自分を思い浮かべますか。恥ずかしがらずに、あきらめずに、信じて歩き出してください。

私は入社式後、東京での研修であの素敵なプレゼンテーションをしてくださった社員の方のお話を新入社員の一人として聞くことができました。その時もおっしゃっていました。

「今から、働くことができる君たちが羨ましい」

と。

私はもうすぐ二年目になります。まだまだわからないことも、知らないこともたくさんあります。日々変化する世界経済からは少しも目が離せません。だからこそわくわくもします。

お給料をいただく身としては全然仕事はできていません。失敗もしますし、注意ももちろん受けます。それでも憧れる素敵な先輩に囲まれて働くことのできる私はとても幸せだと思います。

皆様も素敵な会社との出会いがありますように願っています。

岩田昌子さんの履歴書

フリガナ	イワタ　マリコ
氏　　名	岩田　昌子
生年月日	1988 年 7 月 4 日
希望勤務地	どこでも（出来れば実家から通いたい）
希望職種	証券業界（金融として銀行 / 損保も見るが自分には合わないと自覚）
E-mail	OOOOOO. △△×@ user.co.jp

1. 出生を含むあなたの人生７大事件を以下の年表に記載しなさい。

年	月	EX）７大事件についての記入
1988	7	岩田家の長女として誕生（父，母，２歳下の妹の４人家族）
1992	4	幼なじみたちとともに地元の幼稚園へ入園（自然の中の幼稚園でのびのび育つ）
1998	4	小学校ではバスケ部に所属。 チームプレイの楽しさに気づく。 通知表には◎がずらっと並ぶ。
2001	4	小６の終わりから塾に通い始める。 地元の中学に入学，ソフトテニス部に所属。 成績はいつも「5」定期テストで学年１位も。
2004	4	第一志望の高校に不合格。 嫌がりつつＡ女学園に入学するも女子校文化に馴染み高校３年間をのびのび過ごす。
2009	9	エスカレータでＡ女学園大学に入学するも１年間休学しニュージーランドとイギリスへ留学（新しい世界を知りわくわくし帰国）。
2011	5 月 21 日	証券業界に絞り，就職活動。 第一志望の証券会社から内定をもらう。 自分の可能性を信じ，大学を無事卒業。

2. 以下の枠内に自由に「自分」を記入しなさい。

祖父が会社を経営。今は伯父が後を継いでいる。父も同じ会社で役員をしている。

男兄弟がいないため，将来はお婿さんをもらって結婚すれば家族は安泰と計画中。

性格が正反対の妹は東京でダンスの夢を叶えるため日々努力中。そんな妹から元気をもらう。

しっかりしていそうに見えるが，実際はどこか抜けているらしい。近しい友人にそう言われる。

性格はのんびり，マイペース。そして，人見知りで寂しがりや。

二節　“Stay Hungry, Stay Foolish”（貪欲であれ、愚か者であれ）

佐藤恵さんの就活の図式

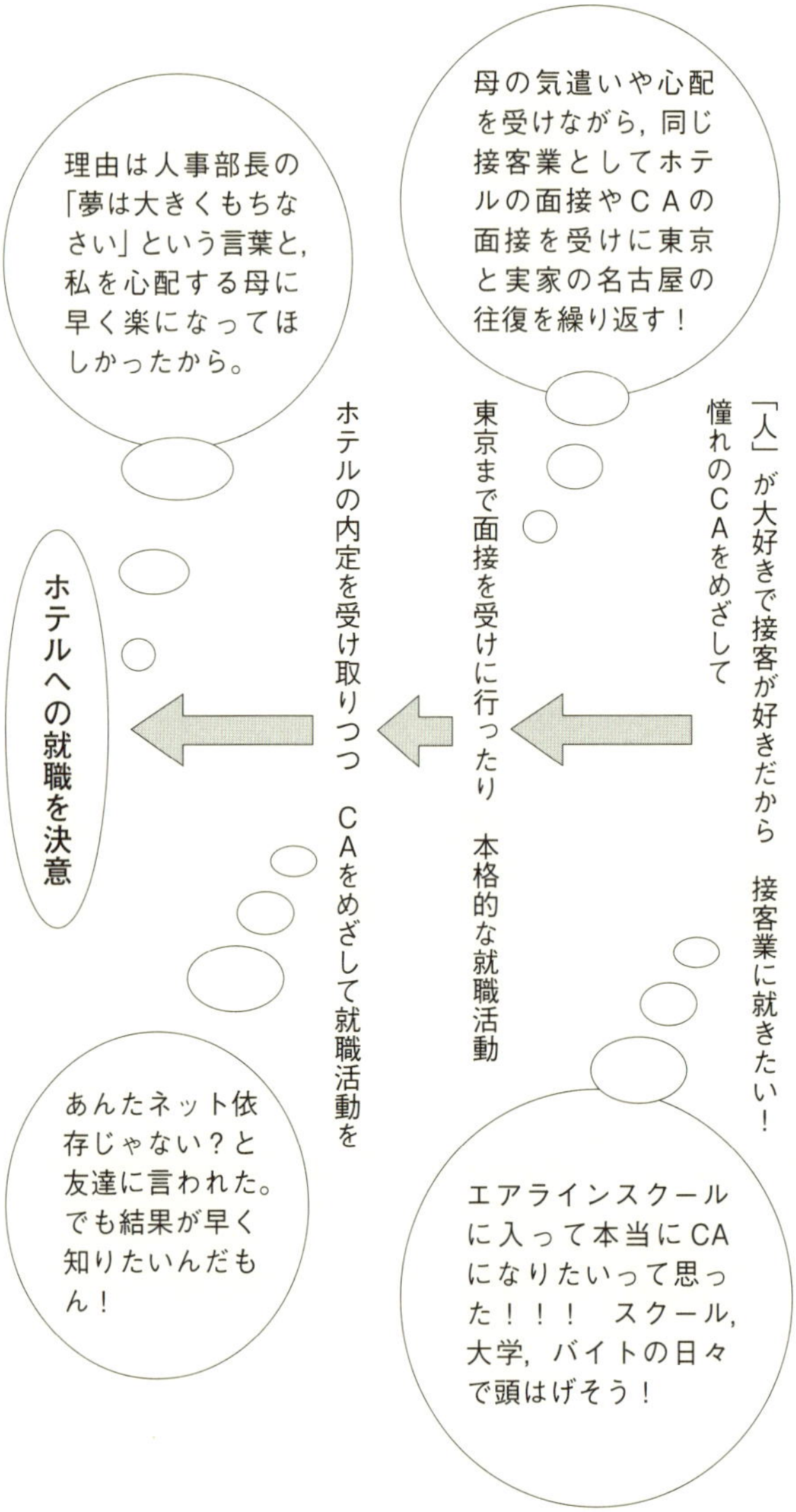
「人」が大好きで接客が好きだから　接客業に就きたい！
憧れのＣＡをめざして
エアラインスクールに入って本当にCAになりたいって思った！！！　スクール，大学，バイトの日々で頭はげそう！
母の気遣いや心配を受けながら，同じ接客業としてホテルの面接やＣＡの面接を受けに東京と実家の名古屋の往復を繰り返す！
東京まで面接を受けに行ったり　本格的な就職活動
ホテルの内定を受け取りつつ　ＣＡをめざして就職活動を
あんたネット依存じゃない？と友達に言われた。でも結果が早く知りたいんだもん！
理由は人事部長の「夢は大きくもちなさい」という言葉と，私を心配する母に早く楽になってほしかったから。
ホテルへの就職を決意

私の家族

私の母は母であり、父でもあります。小学校の時に両親が別れているために、母は祖父母の力を借りながら、私と姉に不自由のない生活をさせたいと、在宅介護ヘルパーの仕事をしていました。しかし、介護の仕事は肉体的にも精神的にも過酷で怪我をきっかけに辞めました。また、私には三歳上に姉がいます。私の姉も同じ大学出身ですが、異なった学部に所属していました。母はかなりの教育ママぶりで、頭の良い学校に受験させようとしていたためではないのですが、姉は一般的に中学受験の予備校とも言われる塾に通っていました。と言うのも、私の両親（父はそんなこともなかったと思いますが）は世間体をとても気にしていたので、姉に対してとても厳しく勉強させていたと思います。そのため、学校でも塾でも成績はいつもトップ。そんな姉が妹の私には自慢でした。一方、妹である私はある程度勉強していたらいい感じで、そんなに厳しく怒られることもありませんでした。だからこそ、私は自由奔放に中学、高校と過ごすことができました。何よりも高校は私立でエスカレーター式の学校だったので、「受験」という言葉とは無縁で生きてくることができました。

スターバックスと私

私は、高校生の頃からアルバイトは必ずスターバックスと決めていました。と言うのも、

マモル君の観察日記⑫

スティーブ・ジョブズの"Stay Hungry, Stay Foolish"をエッセイのタイトルにし，座右の銘として，"Where there is a will, there is a way"をもつ佐藤さん。母親と友達の優しさに支えられ，就活中のあなたの飽くなき努力を見ながら，どこまで成長しようとするのかと無限の可能性を感じましたね。

家の近くにスターバックスがあり、かっこうよかったからでした。高校生の時は、お金がなかったので、本当にたまに、部活ですごく頑張った時で体力的に余裕がある時（水泳部なので部活後は常に体がフラフラになるので）数人の友人と、そのスターバックスに行っておしゃべりして帰るというのが高校時代の唯一の楽しみで、高校生の分際ではリッチすぎるひと時でした。

大学に入学して、そのスターバックスでアルバイトすることになりました。一見、スターバックスって楽しそうなアルバイト先に見えますが、入った当初（約三〜四か月間）はいつ辞めようかと常に考えていました。そのくらい過酷でした。覚えることが山のようにあり、学業がおろそかになるのではと不安にもなりました。かつ、その時の時間帯責任者の方が本当に厳しくて、アルバイト未経験だった私には最大の難関でした。その方と同じシフトが本当に怖くて、時には、手が震えるくらい。けれど、その責任者の方は厳しいけれど、どこか愛のある厳しさでいろいろなことを教えてくれました。常連さんのこと、スターバックスのこととか、アルバイトを始めるまで、学校の先生以外年齢の離れた人と交流する機会がなかったので、私にはとても勉強になることばかりでした。そのおかげで、店長や周りの方々、またお客様からの信頼も厚くなり、店長との人事考課の際には「あなたはうちのＨＯＰＥだからね」と言われたことがあり、とても嬉しかったことを覚えています。また、**今思えばその厳しい責任者の方のおかげで、人の気持ちを察する力や何事にも動じない冷静さ、自己解決能力などが芽生え、身につき、そして鍛えられた**と思います。だって、それくらい身につけなきゃ、いつもおしりをたたかれていたから（笑）。

三年の夏、英会話スクールのエアライン科に入って

私の就職活動は夏休み明けから実際始まっていました。大学三年の夏休み中に、某英会話スクールのエアライン科の説明会があり、それに参加したのをきっかけにそのスクールへの入学を決意しました。実際、入るまでには自分自身の中で多くの葛藤がありました。やっぱり、大半はお金のこと。私は大学二年生の後期から約七か月間語学留学をして、親に多大なる負担をかけているし、スクールに通いたいなんて言ったら悪いと思い悩みました。ただ漠然と抱いている**「エアライン業界で働きたい」**という夢を叶えるには、スクールに通うのが一番だという思いがパンフレットやスクールのスタッフの方とお話していくうちに期待が大きくなり、自分の思いを止められなくなりました。結局、入学を決めました。お母さんは「あなたがやりたいなら、いいよ」と言ってくれました。お金に関して、「お母さん無理してるんじゃないかな」と、とても不安だし、心配で申し訳なく思っていました。

そして、九月から私の激戦は始まりました。スクールは約十人程の少人数制で、さまざまな大学から来ていて、皆、将来は国内または外資エアラインの客室乗務員をめざしていました。個性もそれぞれで、「見た目から明らかにＣＡだろ」っていう子もいて、当時は「あーこういう子がＣＡになるんだー」と憧れていました。講師の先生は元ＣＡと元ＧＳ（グランドスタッフ）の方々で、本当に厳しくて、毎回毎回宿題に追われ、かつ授業前はお腹が痛くなるくらい緊張していました。週五日で大学に行き（授業はそんなに受講していませんでしたが、学校でＴＯＥＩＣの勉強や大学の宿題をしていました）、週二日間は夕方六時半から九時半までスクールで授業を受け、アルバイトをする生活を続け、実際、頭がハゲそうになるくらい、忙しかったです。

パソコンでリクナビによるエントリーが始まった

十一月後半からリクナビで多くの企業にエントリーを始めました。私の希望はエアライン業界でしたが、先輩方やスクールの先生やスタッフの方々に練習と思って面接に行きなさいと言われ、二十～三十社くらいエントリーしました。学校のパソコン室は、毎日就活生と思われる学生でいっぱいでした。みんな黒髪で、片手にスケジュール帳を持つ。そんな周りの学生の姿を目にして、自分としては周りより一足早く就活に向けて走っていたはずだったのに、「もう周りも就活を始めるんだ」っていう焦りと不安が募りました。十二月は、大企業展の説明会、スクールでスクールの友人と面接練習を自分たちでしたり、就活メイクの研究（エアライン用）や、企業研究（主にエアライン業界）をして、クリスマスから年末年始はバイトの日々でした。

エアライン学科の特訓

一月にはＡＮＡセミナーというＡＮＡが開催する説明会もありました。私は、本当にＡＮＡが大好きでした。毎回説明会に行くたびに、感動し、鳥肌がたちました。**「絶対にＡＮＡのＣＡになりたい」**という思いが日に日に強くなっていきました。

しかし、スクールに行って練習を重ねるたび、また自己ＰＲや志望動機を講師の先生にチェックしてもらうたびに、落ち込みました。**スクールからの帰り道、泣きながら帰ったこともあります。**面接では、友人たちとよく**「自分を色にたとえると？」「あなたの強み、ＣＡに向いている点は？」「四字熟語で自分を表してください」「ＣＡとして何ができますか？」「学生時代に頑張ったこと」「挫折を味わったことありますか？ また、それをどのように乗り越えた？」**

「機内にあったらいいなと思うサービス」など多くの面接の過去問を互いに聞き合い、練習を繰り返しました。私は初め、まったく自分の思いを伝えられませんでした。英語での論文では、起承転結、トピックセンテンスを含めてイントロを書くとか、初めに論文で主張したいことを述べ、論を進めるとか学び、実践してきたのに。話が長々と続き、いつも友人から「話が長い。何が伝えたいの?」などと厳しいコメントをもらい、面接練習が恐怖でした。**面接ノートも作り、時間がある時に何を話すかをノートに書き留めました。そしてすべての問題に対して三、四文で話すことを意識しました。**そして立ち居振る舞いでは、私は小さい頃から背が高く、それが逆にとてもコンプレックスで、無意識のうちに猫背になっていました。そのため、整体に通って少しでも改善しようと取り組んだり、大学の入学式に買ったヒールよりも高い六センチヒールを履くようにして、周りよりもより背が高くなるから目立つ姿勢を意識するようにしました。

あっという間に時間が過ぎ、二月。二月には大学内で説明会がありました。また、外資エアラインではCAの募集が少しずつ始まり、英文レジュメ、カバーレターの作成に追われました。二月末には人生初めてのエアライン業界の面接を受験しました。東京まで友人と行き、私のエアライン受験が始まったという感じがしました。

母の心遣い

母が私のことを気遣い心配してくれていると思ったことがありました。ある航空会社の選考に行く時、交通費を浮かせようと夜行バスで東京まで行きました。三月初旬で、まだ夜や朝は寒かったのを覚えています。夜行バスなので、夜遅くに母が車で名古屋駅のバスの集合場所まで送ってくれました。**母に心配かけたくない一心で、「大丈夫だから、**

心配しないでね！」と言って、少し離れた所から車を降りて、一人で外でバスを待っていました。周りは旅行に出かける友人グループ、カップル、時々スーツを着た就活生、サラリーマンがいました。その私の姿を、母が車から見て泣いたというのを後から聞きました。**このように母の応援していてくれる心を日々感じながら、私の就職活動は本番に入っていきました。**

エアラインだけでなく、サービス業界のホテルにも

三月のスケジュールを見ると毎日予定がぎっしりで、自分でもよく頑張ったなと思います。**エントリーシートの締切日が毎日あり、説明会もあり、毎日学校に行ってエントリーシートを作成し、企業研究をしていた記憶があります。**実は、三月二日に私の内定先のホテルの第一回説明会がありました。今考えると、なぜその説明会を見つけたのか、なぜ予約が普通にとれたのか、とても不思議です。エアラインをめざし、同じサービス業界だから面接練習でホテルも受けてみようとは思っていましたが、本当に謎です。実は、ホテルはその一社だけ。

その説明会は、「さすが外資！」という説明会でした。最上階の結婚式場でパーティー会場かのように机や椅子がセッティングされ、部屋の両サイドにはコーヒー、紅茶、アフタヌーンティー的な洋菓子まで用意され、「説明会までゆっくりとティータイムを楽しんでください」と言われました。今まで、大企業説明会やその他の説明会に足を運びましたが、受験者に対して、こんなサービスをする企業は初めてだったのでとても驚き、少々落ち着きませんでした。三月内にこのホテルの説明会という名のホテル見学ツアーに参加し、その後エントリーシートをＷＥＢ上で提出し、三月末に一次選考グループディスカッションがありました。

ホテルの面接試験

ホテルの選考は一週間ペースで行われていきました。グループディスカッションの結果と二次選考のグループ面接の結果は翌日にメールで連絡がきて、まさしくこのスピーディーな連絡も外資企業の特徴なのかなと感じていました。三次と四次面接は千葉県の舞浜の系列ホテル（ディズニーランドの前）で行われました。朝十時くらいからの選考が多かったので、朝ばっちり化粧をして、髪の毛は後れ毛が出ないようにバリバリに固めて、新幹線に乗り会場まで向かいました。最終選考では、日本兼アジア統括のホテル人事と希望の名古屋の人事二人と受験者三人の面接でした。

面接官の方が、極端なほど私たち受験者を褒めるので、逆にとても不安になりました。会場には採用人数以上の受験者がいたので、「ここから落とされるんだ。絶対落とされたくない！」という思いが強くありました。今考えれば、**「ここに入りたい！　内定ほしい！」というハングリーな思いが前面に現れていたと思います。**航空業界を志望しながらも、これだけ強い気持ちになれたのは、この時まだ、**「内定」という一つのお守り的な安心感を**まだもっていなかったこともあり、どうしても内定がほしいという気持ちが強くなっていました。しかし、その面接後に筆記試験と性格診断のテストがあり、その結果と面接の出来栄え（自分の判断で）から、とても落ち込み、新幹線に乗って帰ったのを覚えています。そして名古屋駅まで車で迎えにきてくれた母に一とおりの選考の話をしながら、車の中で不安が募り大泣きしました。数日後、そのホテルからの内定の電話をもらいました。学生控え室で一人でいた時でした。**嬉しい気持ちと「就職先が一つ決まった」という安堵の思いで涙が溢れてきて、一人で泣いていました。**一緒に留学していた親友の山田さんがやってきました。彼女はまだ第一希望会社に決まっていなかったにもかかわらず、一緒に喜んでくれました。しかし、私の就職活動はここでは終わりませんでした。「**ANAのCAになった憧れの先輩のようになりたい」という夢を捨て切れず、ANAのCAになることをめざして続けました。**

憧れのANAの選考

四月、いよいよ自分の本命のANAの選考が始まりました。ANAの採用ページがオープンし、エントリーシートが一月くらいから、印刷できるようになってから選考まで、とても長い二、三か月で、この時には待ちくたびれたという感覚と疲れがたまってきていました。しかし、「ANAに入りたい、必ずCAになりたい」という思いから**「落とされたくない」「怖い」という思いが本当に強くて二月、三月、四月中は毎週三回くらいずつは泣いていました。**今思えば、恋愛みたい。「相手に振られたくない」「嫌われたくない」「他の子にとられたくない」という思いで、毎日ANAに片思いする日々でした。

ANAの選考はホテルで内定を得た後も、まだまだ続きました。スクール生がほとんど落ちていきました。そんななか、私は二次、三次、と順調に選考に進むことができました。周りの友人が不合格になるなかで、エアラインの受験の難しさと厳しさを改めて実感しました。「必ずこの子はANAのCAになる」と私の中で思っていた子も、不合格になったり、私よりもANALOVERで一緒にスクールで面接練習を積み重ねてきた友人が二次で落ちてしまった時、本当に「私はどうしよう」と思いました。「その友達の分も頑張らなきゃ」と思う反面、「その友人に悪いなー」という思いがありました。

五月、四月にホテルの内定をもらったということもあり、ANA以外の選考はすべて行くことを辞退しました。そして五月初めに、三次選考がありました。面接官二人と受験者一人の個人面接でした。個人面接は初めての経験だったのと、「恵ちゃんなら、大丈夫だよ」という言葉が、後押しになる反面、七〇パーセントくらいは一層の不安とプレッシャーになりました。その面接の結果は一週間以内にはメールとホームページ上に更新されました。私が、**毎回最も死にそうになるのは、ANAからメールで「結果をお送りしましたのでホームページをご覧ください」とURLと共に送られ、その結果を見る瞬間です。**あのボタンをクリックする瞬間は毎回心臓が爆発しそうなくらい手が震え、汗も出て、どうにかなりそうでした。しかし、結果が合格ならば、喜んでいる間もなく、すぐに手帳を開き、次の選考を予約しなければいけないので、本当に必死でした。しかし、なんとか三次面接を通過し、私はようやく最終面接の切符を手にいれました。その三次面接の翌週に一日がかりで羽田空港に隣接している建物内で、面接と身体検査が行われました。丸一日、ANAの雰囲気で、ANAの空気を吸い、自分が入った後の姿を想像することはとても幸せでした。しかし、健康診断の結果や面接の出来なさ加減にひどく落ち込みました。「これで最後！」という気持ちが逆に焦りに変わり、そして緊張につながりってしまい、面接では何一つ自分らしさを伝えられませんでした。

最終面接は翌週にも続いていたので、自分の選考が終わった後は結果待ちの日々が続きました。ANAだけを見て、そのときまで走り続けていたので、すべての選考が「終わったんだ！」と思うと、少し気持ちが落ち着く反面、今までの積み重なった疲労が一気にきて数日間はダウンしました。

JALにも応募して

ANAの選考過程中に、JAL（日本航空）が民事再生法適用を申請してから復活を遂げ、三年ぶりにCA、総合職の採用を始めました。スクールでは、ＪＡＬを受験するように先生方やスタッフの方々からも勧められました。私はＡＮＡが大好きだったので、エントリーシートを出すことや面接に行くこともあまり乗り気ではありませんでした。しかし、**ＡＮＡの結果待ちという状態に耐え切れず、何か他のことをして気を紛らわせようとＪＡＬのエントリーシートを書くことを決めました。**

また、もう一つ。ＪＡＬの選考にも行ってみたいと思うことが実際ありました。ＪＡＬの採用と同時にＷＥＢ説明会がインターネット上で行われました。それと同時に名古屋でも四月に行われた企業展にＪＡＬが説明会を行いました。そこで、ある人事の方と直接説明会後にお話をしました。実際ＷＥＢ上で見ていた方だったので、私には有名人と会ったような変な感覚でした。説明会の日なのに、朝バイトだったため、バイト先でスーツに着替え、髪の毛もいつものようにバリバリに固めず、急いで会場に行ったのと、思った以上に人が少なく、人事の方と話せることから、ＪＡＬという会社に私が今までもっていた印象が変わりました。六センチヒールの効果もあり、周りよりも目立ったからか、その人事の女性の方は、私が説明会終了後もおどおどと質問したそうな雰囲気を醸し出していたことに気づいてくれ「ちょっと待っててね！　アンケートすぐに回収して、すぐに戻ってくるから！」と笑顔で声をかけてくださいました。その後、少しの間お話をうかがい、なんだか泣きそうなくらい嬉しくて、その方とお会いできたことが本当に幸せで本当に泣きそうになりました。その後、**五月末にその方にもう一度お会いしたいという一心からエントリーシートを送りました。**

「ネット依存」と呼ばれながらの結果待ち

ＡＮＡの結果発表が始まりました。今でも忘れないその当日は、「電話がかかってきてほしい」と強く願いすぎて、かかって来なかったときの恐怖から抜け出そうとＪＡＬの二次選考に行きました。ＡＮＡの結果待ちで緊張状態だったので、「選考に行って緊張したほうがましだ」と思い、トップバッターで行きました。「当たって砕けろ精神！」で。二次面接は約十人のグループディスカッションとその後志望動機を一人ずつ聞かれました。グループディスカッションは得意なので、他の受験者の方が話しやすいように話を展開させ、場が和むようにジョークをいれたりしました。また志望動機では、面接官のハートをつかんだ感があり（ちなみに面接官の方二人はとても厳しい感じの男性と女性の方でしたが）、この二次は実際通過したと思っていました。

選考終了後もその後三、四日は廃人のような日々を送りました。スクールの先生やスタッフの方には「募集人数が四百人なんだから時間も相当かかるから大丈夫！」と励ましていただいたり、就活生が見るサイト（「みんなの就活日記」）には、内定した人たちが逐一報告を入れていました。そして内定者が連絡が来ない人たちに対して「大丈夫です！　人事メンバーが少ないから手間がかかっているんです。私も○○さんのために、一緒に待ちます！」や「私は○○さんのように、優しい言葉をかけてくれる方と一緒に空を飛びたい！」というようなコメントが毎分更新され、**私はそのサイトを毎時間、毎分ごとに見ていました。この時、友人には「ネット依存だ」と言われながらも、続けました。**

そんな時、順調に進んでいたＪＡＬの選考に、こんな廃人になった私は結果として救われました。一か月以内でのハイペースな選考だったのと、ＪＡＬの選考には違う楽しみがあったので、暗い気分から少しずつ明るくなりました。

三次面接では東京の本社で行われ、約二か月ぶりにあの人事の方とお会いできました。日々、たくさんの受験者たちと説明会や選考時に会っていたと思うのに、私が挨拶をして中に入っていくと、その方が私に「お待ちしておりました」と声をかけ、席まで誘導してくださいました。その方が本当に、私のことを覚えていてくださったかはわからないけれど、私は本当に嬉しくて言葉がでてきませんでした。

そして翌月の七月に最終選考が羽田空港前のビルで行われました。その二日前、私が誕生日であったことと、朝早い選考だったので前日は前泊をするために東京に向かいました。偶然スクールの友人が成田空港で選考を受けていたこともあり、成田空港で落ち合い、その友人と会いました。驚いたことに、その友達は東京に選考で行く際にＪＡＬの国内線を利用しました。そして、私への誕生日プレゼントにと機内販売の時計を選んでくれました。そこでＪＡＬのＣＡさんに私の話をしたそうです。私が誕生日であることとＪＡＬのＣＡの最終選考を数日後に受験することをＣＡさんに話したそうです。そのＣＡさんが、時計をラッピングし、私へのメッセージをＪＡＬオリジナルカードに書いて、機内で配る飴などとともに私に贈ってくれました。そのＣＡさんの優しさと友達の私への強い思いがとてもうれしくて本当に涙が溢れました。彼女たちは私に本当に素敵な誕生日プレゼントを贈ってくれました。厳しい就職活動の中での忘れられない思い出になりました。

励まし合う仲間たち

同じエアライン業界で働くことを夢見て、同じ苦悩の日々を送り、私が不安だった時にいつも励まし、時に厳しいコメントをくれた彼女のおかげで本当に私は救われた気がします。その他にも、ストレートで自分の意見を投げてくる友人もいました。彼女はとても尖っているように見えるけれど、根は相当なネガティブで、真面目。自分が落ち込んだら一切の連絡を絶つ子だけど、ものすごく友達思い。時に、面接練習で厳しくコメントをしたりするため、友達からはどちらかというと好かれにくいタイプ（彼女自身理解している）。そんな彼女ですが、ＪＡＬの最終前に前回のＡＮＡの身体検査の結果を話したこともあり、私にものすごい長文のメールで私の健康面を考えた情報をたくさん送ってくれました。そのおかげで、健康診断では何も引っかかりませんでした。また、もう一人、おっとりしているように見えて、自我の強いタイプの友人もいます。彼女はＡＮＡＬＯＶＥＲでかつ信者でした。しかし、選考過程で不採用を受けとってしまい、彼女自身本当に挫折を味わったと思います。でも、彼女はいつも私に選考前に必ず、**「私は恵ちゃんの頑張りを側で見てきたし一緒に頑張ってきたから、あなたのことを本当に心から応援できる」とメールをくれました。**その彼女の優しい友達想いで、親しい友人にしか見せない素の一面、また時折見せる強い一面に「私も頑張らなきゃ」といつも刺激をもらっていました。

結果として、ＪＡＬでも合格通知ではなく、不採用通知となる「お祈りメール」が届きました。でも、私はそのメールを保護メールとして保存できるくらい充実した選考でした。なぜ、落ちたのか私自身理由は分かっています。だからこそ、後悔はしていません。まだわからないけれど、自身の中で、自分の将来の目標ができた気がしています。

ホテルに決めたのは人事部長の一言―「夢は大きくもちなさい」

もし、ＡＮＡまたは、ＪＡＬの内定がでていたならば、私はＣＡとしての道を選んだかもしれません。もしくは、ホテルの内定が決まった後もずっと他の航空会社の選考を受験していたかもしれません。しかし、それをしなかったのには理由があります。内定先であるホテルの説明会に数回足を運んだ際の人事部長の方の一言に、「私はここで頑張ろう」と思いました。エアラインという不安定な道に進むのか、ホテルに入り、いずれはホテルのマネジャーとして活躍するのか悩んでいた時に「夢は大きくもちなさい」との言葉を皆に贈ってくれました。ホテル業界には、同じサービス業ということもあり、将来ＣＡとなることを夢見てホテルで働く方が多いと聞きました。しかし、その方は「エアラインの魅力は私にはわからないけれど、その子の夢がＣＡ、またはエアライン業界で働くことならば、私は応援する。どんな夢でもいいから、大きな夢をそれぞれもちなさい」と言ってくださいました。同じ業界といえども、人が一人減ることは会社としては大きなリスクになるし、選考を何度も行い、選び抜いた人材だからこそ、失いたくないにもかかわらず、他業界に送りだすことを応援する人事部長にとても感動しました。私は、ホテルの理念とか精神とかに感銘を受けたというよりも、**「この人と働きたい。この人についていきたい」**と思ったので、このホテルの内定を選んだと思います。

母に楽になってほしかった

ホテルに就職を決めたのは私の本心からでした。その本気の決心を聞いていた母は「ＣＡの夢をあきらめなくてもいいよ。もう少し頑張ってもいいよ」とも言ってくれました。いつも応援してくれる母のそのような言葉を聞きながら、「母にこれ以上の心配をかけたくない」と思いました。私の就職の心配をしすぎて苦しんでいる母の姿を見て、「母に楽になってほしい」と心から思いました。私が本気でそう思っているのを理解した母は、その時、心からの笑顔を見せてくれました。私のすべての就職活動が終わったのは、その時でした。

佐藤恵さんの履歴書

フリガナ	サトウ　メグミ
氏　　名	佐藤　恵
生年月日	1990 年 7 月 7 日
希望勤務地	国内ならどこでも
希望職種	サービス業界（CA が第一希望）
E-mail	OOOOOO. △△×@ user.co.jp

1. 出生を含むあなたの人生７大事件を以下の年表に記載しなさい。

年	月	EX）７大事件についての記入
1990	7	佐藤家の次女として誕生（父，母，３歳上の姉，私，犬５匹の家族）
1997	4	姉の後に続き，一般的にお嬢様学校と呼ばれる私立の小学校に入学（姉に対して母の教育ママぶりが炸裂！！）。
2000	?	両親が離婚（母が母となり，父ともなった）。
2006	4	受験とは無関係に，そのまま私立の O 女高等学校に入学突然，中学３年間帰宅部女子がバリバリ体育会系の水泳部に入部。
2009	4	受験という言葉と無関係にエスカレーター式で O 女大学の文学部に入学。
2011	9	私の就職活動がスタート。エアラインスクールに入学する。企業への片思いと強すぎる想いに苦しむ。
2012	8	自分のもつ「人徳」に気がつく夢を夢として，新しい道を歩むことを決意。私の就活が終わる。

2. 以下の枠内に自由に「自分」を記入しなさい。

両親が離婚してから，女３人家族。

３歳年上のお姉ちゃんがいるけど，なんだか妹みたい。

自分がしっかりしてなきゃダメってつねに考えていたからか，家でも，学校でも，アルバイトでもリーダー的またはアネゴと呼ばれる存在になる。

初めてのことにでも，何でも全力投球でいかないと気がすまない頑固者！

今考えれば、**私の就活の軸は、夢や憧れなどもあったかもしれないけれど、「人」であったと思います。**「尊敬する人、尊敬できる人がＡＮＡ、ＪＡＬ、そのホテルにいたから入りたい」と思ったし、私も周りから尊敬され、周りに刺激されながら、自分の意識を高められる場所にいたいのだと、私は常に感じています。

第五章　内定を勝ち取る力をもつ方法

マモル君の就活実践アドバイス①
内定を勝ち取るための基本５原則を守れば大丈夫
1）自己分析をすること
2）企業研究をすること
3）将来の生き方を考えること
4）就活のための大学生活を考えること
5）就活の実践的戦略を考えること

学生の皆さんの就職活動の多様なストーリーを四つのタイプに分け、それぞれのストーリーを詳しくみてきました。それぞれのストーリーは、選ばれた優れた学生たちの成功物語ではなく、あなたの隣にいる「ふつう」の学生の就職活動の物語だと思います。その「ふつう」の学生のストーリーですが、それぞれにはユニークなドラマがあることを読んでもらえたでしょうか。そして、私が結論としてわかったことは、**就職活動は、単なる職探しではなく、これからのあなたの生き方を考える貴重なチャンスだということです。**この貴重なチャンスをどのように生き抜くかが今就職活動をしている、あるいは、今後、就職活動をしているあなたの課題です。私は就職活動をしていた学生の皆さんと話をし、見守りながらこの二年間ともに過ごしてきました。そのような経験から、今のあなたに役立つだろうヒントが見えてきました。そのヒントには五つあります。

一節　「自己分析」をしっかりしましょう

自己分析をする前に、五つの質問を考えてみましょう。

①あなたはどんな職業が向いていると思いますか。
②あなたのやりたいことはなんですか。
③あなたは何をすることが楽しいですか。
④何が好きですか。
⑤あなたが嫌だと思うことは何ですか。

「自己分析」をすることが大切ということは、どの「就職マニュアル本」にも書いてあると思います。しかし、そこで言われている「自己分析」の多くが、心理テスト、表面的なアンケート調査的なもので、「客観的な判定」をしているかのように書かれているものです。あなたが就職活動を始めようと思った時、**「自分が何に向いているのか」「自分のしたいことは何か」といろいろ悩んでしまう**と思います。一番大切なことは、**自分自身について自分で考えること**なのですが、それをするのが億劫になり、「客観的」なテストと呼ばれているもので自分を理解した気持ちになってしまうことがあるかもしれません。あるいは、占いで自分に合っている職業を教えてもらおうとするかもしれません。そのように考えたいという気持ちもわかります。高校、大学の生活では「仕事とは何か」を考えたことはないと思います。考えてもいなかった仕事に就くための就職

マモル君の就活実践アドバイス②
どんな職業に自分が向いているかを考える自己分析が必要ですね。自分が何をしたいか，何が好きかを知ってことこそ，就活に熱意と意欲が生まれてくるんですよ。

活動をするのですから、何をしてよいかわからなくなってしまうのは、ごく自然なことだと思います。

しかし、**この就職活動は人生の新しい旅立ちを考える良い機会です**。自分自身と向き合い、**自分は今まで何を楽しみ、何に喜んできたか**などを考えてみてはどうでしょうか。また、逆に、**今までの人生の中で自分が苦しいと思ったり、辛いと思ったりした嫌なことを思い出して、そのようなことを二度と経験しないために、自分がどう生きたいか**などを考えてみてください。

その時に、**自分の話を聴いてくれる友達と話をすることも良い方法**だと思います。友達は、あなた自身の「理想的な側面」をもった人である場合が多く、その心許せる友達には、自分の素直で、理想的な点について話すことができるので、しっかりと自分のことを聴いてもらってみてください。ただ、自分の心の中の深い部分を他人に話すことが億劫だと思う人は、**「自分の中のもう一人の自分」と対話する**ことはどうでしょうか。その方法として、今までの自分を振り返る**「就職日記」を自分のためだけに**書いてみるのはどうでしょうか。他人に見せることが目的でないので、**「本当の自分」「素直な自分」**が文章で「語れる」かもしれません。アメリカの文化人類学者のロバート・アトキンソン教授（二〇〇六年）は、他人に見せることを目的としない「自伝」を書くことの意味と効用について本を書いています。自伝を書くことで「自己理解」につながると主張しています。どのような企業、職種が自分に合っているかに迷ったら、**「過去の自分」と対話するという方法**として、**「就職日記」**を書き、**「自分とは何者か」**を立ち止まって考えてから、真剣に就職活動を始めても遅くないのではないでしょうか。

ウェブ上の『朝日新聞』（Asahi.com）で公開された、娘の就職活動に付き合った楠木さんの連載の記事があります。「自己分析って何？」という文章の中で、楠木さんの娘が自己分析として、自分史を作成したり、職業適性を測るなど性格診断をしていたのを見て、**自分に目を向けるより、「他人と出会うことで内面を見つめる」方が重要だと指摘しています。**私のゼミの学生も説明会に行って、ある企業の担当者に会って、その会社で働きたいと思い、自分を見つめ直す機会があったことがあるとも話していました。楠木さんが指摘する、就職活動をしながら、**「異なる人に出会い感じるというプロセスが重要なのです」**という点もまた、自分自身を知るための重要な方法です。さまざまな説明会に参加することは、今まで知らなかった社会、会社を知ることにつながることになり、その経験を積み重ねることで自分自身を見つめることになるからです。

さまざまな人に会いながら、生まれてから今までで生きた経験の最も意味あることは何か、**自分は何に喜び、何に苦しんだのか**など、自らの経験を深く振り返ることで、**「自分がワクワクする」**と思えることが発見できると思いますので、そのように自己分析をして、就職を前に自分とは何者かを考えることは、将来を考えるために重要です。

二節　企業研究と適性の考察

企業研究をする前に、まず、自分自身に五つの質問をしてみましょう。

①働きたい業界はありますか。
②興味あることは何ですか。
③どんな将来を考えていますか。
④どんな職場で働きたいですか。

⑤どんな人たちと働きたいですか。

就職活動が解禁され、いろいろな企業が採用活動を始めたら、皆さんはすぐに、インターネットのホームページを検索しながら、自分が今までに聞いたことのある有名企業や一流企業についてのホームページを読み、企業研究をすると思います。それは、最初の一歩として重要だと思いますので、それ自体を否定する気はありませんが、有名である、一流であるという評判だけでホームページを検索し、その企業について、「研究する」というだけでは、企業研究にならないのではないかと思います。そのようなちょっとした企業研究をしただけで、「説明会」へのエントリーをコンピュータ上で行い、多くの企業説明会に参加するために、スケジュール帳にぎっしりと予定を入れている皆さんはそれで安心するかもしれませんが、果たして、それでよいのでしょうか。

自分自身が本当に就職したいかどうかもわからない、興味があまりもてない説明会にすべてに参加するよりは、今一度立ち止まり、**自分がどんな企業で、どのように働きたいか**を考えて、そして、企業の種類を限定して、説明会に行く方が能率がよいのではないでしょうか。「それでも不安だからすべてに行きたい」と思っている人たちに、「行ってはいけない」と言っているのではありません。そのような人は、多くの説明会に参加することで不安が少なくなり、その内、自分に合った企業とは何か考えるようになるまで徹底的に活動した後、企業を絞るようになるのではないかと思います。ここで大切なのは、**自分が納得するまではやってみる**ということではないかと思います。

マモル君の就活実践アドバイス③

就職するということは，卒業してからの自分の「居場所」探しです。志望している企業が自分の「心地よい居場所」になるか，と徹底的に企業研究しちゃいましょうね。

そして、企業研究として大切なことは、単に、その企業のホームページやパンフレットを読むだけで終わるべきではないということです。一番大切なことは、**その企業に自分で出かけて行って、自分の目で、そこで働く人たちの雰囲気や環境などを直接見る**ことです。そして、できれば、その会社の人と直接話し、その社員の満足度などについても感じることができれば、最高です。また、応募したいと思っている企業で働いているOGがいると思います。そのOG訪問に**OGに直接コンタクトを取り、**そこで働いていることについて、**直接話を聞くこと**が重要だと思います。OG訪問に応えてくれるOGはその会社に満足している人の場合が多いので、その企業の良い側面だけを強調する場合もあるかもしれませんが、一般的にはそこで働いている現実について教えてくれると思います。もし、話を十分に聞くことができなかったとしても、面接の場で、その企業についてどのように調べたかを問われた時に、OGとコンタクトをもった事実があることを具体的に話せば、就職希望への熱意があると判断される材料になると思います。

学生の皆さんの就職活動を見守ってきた印象としては、いろいろな手段を使って応募する企業を見きわめ、企業を限定した学生の方が就職がうまくいったように思いますので、**徹底した企業研究は、就職活動の必須事項です。**

三節　どんな人生を送りたいか

就職は今後の将来を考える中で位置づけられるべきだと思います。ここでもまた、五つの質問を自分に投げかけてみてください。

①あなたの将来計画の中で、就職はどのような意味をもちますか。

②就職して、一生キャリアウーマンとしてその職場で働きたいですか。
③就職は結婚するまでの一時的な居場所ですか。
④どのような働き方をしたいですか。
⑤仕事とプライベイトな時間、どっちが大切ですか。

自分の適性を考え、自分に合った企業を見つけることが就職活動で一番重要な要素だと思われます。しかし、それだけで果たして十分なのでしょうか。この本のストーリーで出てきた人たちの中には、それとは別の要因が重要だった人もいました。その別の要因とは、「地元で働きたい」「家族とともに生きていたい」「結婚し家族をもちたい」「個人として評価されたい」「他の人のために役立ちたい」「自分の夢を叶えたい」など、「就活マニュアル本」では、たぶん、話題にのぼらない要因かもしれません。少なくとも今の日本社会においては、男性は大学を卒業したら、就職し、そして、定年を迎えるまで、何らかの形で働き続けることが期待されています。しかし、女性には男性とは異なる選択肢がたくさんあると思います。ですから、女性の皆さんは、どのように働くかということだけでなく、**今後、どのような人生を送りたいか**と考えて、就職活動をした方がよいのではないかと思います。

この本でも取り上げましたが、「地元で働きたい」という思いをもっている場合、周りの人たちに影響され、有名企業や一流企業の説明会などには行くのではなく、地元の企業を中心に説明会に参加し、具体的な企業についてより詳しく調べることにエネルギーを注ぐようにした方がよいのではないでしょうか。みんなが受けている企業に乗り遅れたくないという気持ちはわからないこともありませんが、もし、そのような企業に就職できたとしても、働いている日々が楽しくないかもしれません。

「就職はしたいけれど、アフターファイブのプライベイトな時間が大切」と思っている人もいれば、**「残業などがあっても、休日出勤してでも自分の仕事を頑張りたい」**という人もいると思います。プライベイトな時間を仕事より大切に思っている人は、定時で帰宅できる事務職を考えるべきかもしれません。それとは対照的に、自分の好きな仕事に全力を注ぎたいと思っている人は、総合職をめざすべきなのでしょう。それほど両極端にはいかないにしろ、曖昧な気持ちで就職活動をせず、**自分の人生設計のなかでの就職**という位置づけで活動すべきではないでしょうか。

四節　就職活動の準備としてできること

私は、就職コンサルタントではありませんが、ゼミの学生や他の学生の就職活動を私のできる範囲で支援してきました。学生の皆さんの支援をしながら、これだけは言えるのではないかと思われる、実践的な準備について、簡単にまとめてみたいと思います。

大学生活でさまざまな体験をすること

皆さんは、大学受験を経験した後の大学生活は、それまでの学校生活とは異なり**「自由な世界」**だと考え入学し、文字どおり自由な生活を送っていると思います。大学の授業は高校の時

マモル君の就活実践アドバイス④

女性としてこれからどのように生きたいかという問いは，現代日本の中では重要なもの。キャリア・ウーマンをめざすのか，専業主婦をめざすのか，それはあなた自身が決め，その生き方に従って就活を考えましょう。

のように、出席を取らない授業も多く、サボっていても問題になることが少ない場合もあります。また、生活面では、高校の時のように校則もなく、基本的に何をやっても許される世界だと思っている人もいると思います。さらに、経済的独立がほしくて、バイトを始める人もいると思います。バイトを通して、今までに出会ったことのない人々と出会い、いろいろな体験をすることも多いと思います。私が教えている学生の中にも**「大学よりもバイトが居場所」**という人もいました。別の言い方で、**「バイトがないと何をしてよいかわからない」**とまで言う、授業を中心とした大学生活よりもバイト生活を重視していると言った人もいました。皆さんが大学の授業で学んでいることは、抽象度が高く、自分たちの生活とはかけ離れたことのように思われ、興味をもつことが難しいし、「学んだことも試験やレポートが終われば、すべて忘れてしまいます」と言うこともよく聞きます。大学で教えている教員としては残念なことですが、これが皆さんの大学の授業への一般的態度だということも今回のこの調査から理解できました。そのような現実を受け入れたうえで、就職活動の準備として大学生活の中での可能性について、少し述べたいと思います。

(1) ゼミでプレゼンとディスカッションを学ぶ

まず言いたいことは、ゼミと呼ばれる少数の学生が参加する授業から社会に出てからも役立つことを学ぶことが多いと思いますので、**ゼミに積極的に参加することが就職活動への重要な準備になる**と考えてみてください。大学のゼミは、いろいろな形はあると思いますが、一般的な講義と異なり、授業への参加が期待されることの多い授業です。その中で、ゼミの重要な課題として、学生の皆さんは**個人的に発表をするプレゼン**を多く経験します。このプレゼンは、教科書の中の一章をまとめるものから、自分が調べてきたことを発表するというさまざまな形式がありますが、

マモル君の就職実践アドバイス⑤

大学生活そのものを楽しむことも重要です。しかし，大学時代に経験したこと，学んだことを就活の時に役立てるため，ゼミでの活動，アルバイト，インターンシップに意識して積極的に参加しましょうね。

プレゼンの基本は、**自分が理解したことを、他のゼミ生の前で簡潔にわかりやすく、明確に話すことと、その話したことについて他のゼミ生からの質問やコメントを受けるということ**です。学生の皆さんが初めてプレゼンをすると、自分がまとめてきたことを、他のゼミの人に伝えるというよりは、聞いている人などの反応を考えず、時には、原稿を読んでいるだけの場合もあります。しかし、他のゼミの学生のさまざまなプレゼンを見るうちにだんだん、**他のゼミ生に伝えることを意識する**ようになり、**話し言葉でプレゼンする**ことを学びます。このような場を多く経験することで、他の人の前で話すことに慣れることができます。考えてみれば、高校生までの学校生活で、自分の自由な発表を他のクラスメイトの前でどれだけ行う機会があったでしょうか。高校までの学校教育の特質から考えてあまりないのが一般的です。ゼミでプレゼンを多く経験することで、**就職活動での「集団面接」**には必ず役立つのではないかと思います。

　プレゼンの後の質疑応答もゼミでの学びとして重要な部分です。うまくプレゼンをしていた人が、質疑応答になると、しどろもどろになってしまう場面をよく見ます。質問に答えられないのは、自分がプレゼンした内容を十分に理解できていないからですが、それ以上に、発表者が質問されていることに十分耳を傾けて理解していないという点があると思います。自分とは異なる前提でものを考えている人が質問するわけですから、それに**先ず耳を傾けるということが大切なのですが、そのことに慣れておらず、質問に答えることができない**ことがよくあります。**質疑応答、他の人の言っていることに耳を傾けて聴くという経験**もまた、学校教育の中ではあまりなかったことのように思います。もちろん、先生が言っていたことを必死になってノートに取り書き写すという作業は行っていたと思います。しかし、その作業は、先生の言っていたことの内容を理解せずに、暗記しただけだったのではないでしょうか。それに対して、プレゼンに関する質疑応答は、聞いたことを暗記すればよいというものではなく、**その意味を理解したうえで、自分の言葉で答えるという技術です。**自分の意見を言うこと自体難しいことですが、それ以上に、**相手の質問を理解したうえで論理的に反応すること**はもっと難しい作業です。そんな経験をゼミの中で積み重ねていくことによって、複数の人の前での発言が期待されている「集団面接」の準備にはなるのではないかと思います。

(2) バイト経験から学ぶ

次に、キャンパス外での活動も就職活動の準備になると考えることができます。ほとんどの学生の皆さんが何らかのバイトをしています。その**バイトでの経験が就職活動の一環である**と思われます。この本の中のストーリーでもあった、アパレル業界でブランド商品のスタッフとして四年間バイトした加藤さんもこのようなケースに当てはまります。採用する側からすると、採用してからの研修が必要ないほどにその業界の現実を経験している彼女を他の応募者よりも優先して採用するのはごく自然なことだと思います。その他のケースとして、航空業界で働くことを目的とした空港でのバイトも役立ったと言っていた人もいました。もちろん、バイトと仕事として働くことはまったく別なのですが、そのような職場で、**バイトとして働き、社員として働くことの現実を知ること**になり、**その業界に応募しないという決断をすることにも役立ちます。**ですから、**バイトするなら、自分が将来働いてみたいと思うことに近い業**

界であるのは、就職活動の準備になると思います。もちろん、そのようなバイトをしたからと言って、その業界に入れる保証は必ずしもありませんので、その業界の現実を知るための手段として、バイトも有効的ではないかと思います。その現実を知って、その業界に応募することをやめる人もいれば、その業界で働くことをより真剣に考え出す人もいるかもしれません。

また、バイトを通じて、**「何を将来したいか」**を考える**「自分探し」**もできる可能性があります。バイトで、責任ある役割を与えられ、自分がその役割をうまく果たせた場合などには、自分の得意とすることがわかるようになります。その意味で**バイトを単なる「お金稼ぎ」にせずに、就職活動の準備と考える**ことも必要だと思います。**バイトを続けることで、自分の性格を見きわめる経験にもなるのではないか**と思います。

（3）インターンシップは訓練と就職チャンスの場

第三として、**インターンシップに積極的に参加する**ことも就職活動の準備になると思います。各大学が企業と提携し、インターンシップ制度をもっていると思います。その制度を利用して、**自分が将来就きたいと思う業界、業種のインターンシップに参加することが、その業界の現実を知る効果的な方法**です。短いものでは一週間、長いものだと一ケ月にもなるものがあると学生の皆さんから聞いています。インターンシップに参加した体験を通して、そのめざしている業界で働いている人々とも出会い、そこで働くことの現実を知ることができるようなると思います。その現実を知ることで、自分に合うかどうかを知ることもできるようになると思います。

インターンシップ体験をエントリーシートに書いたり、面接で話したりすることは有効だと思います。昨年、ある空港会社のグランドスタッフのインターンシップに参加した二人の学生が、今年の就職活動で、その航空会社には採用されませんでしたが、それぞれ別の地域の空港会社に内定されました。また、個人的な観察ですが、この数年間に直接知っていた三人の学生の皆さんがインターンシップ先で内定を受けました。その意味では、企業側としては、インターンシップは大学生への職業体験を提供するというサービスであると同時に、将来の人材を発掘するための場になっています。インターンシップは採用の過程ではありませんが、「三年生の時にインターンシップに参加した学生の中で、『光るもの』があったので、採用しました」とある会社の人事課長から直接聞いたこともあります。インターンシップは文字どおり、職業訓練の場でもありますが、**就職チャンスを広げる機会になる可能性がありますので、インターンシップを最大限に活用すべきです。**

五節　就職活動の実践的アドバイス

(1) エントリーシートの書き方

エントリーシートを書く前に、まず、次のように自分に質問をしてみましょう。

①エントリーシートの**目的**は何ですか。
②エントリーシートには**何**を書けばいいのですか。
③エントリーシートを**どのように**書けばいいのですか。
④良いエントリーシートとは**どんなもの**ですか。

マモル君の就職実践アドバイス⑥

エントリーシートは自分を就職先に売り込むための「ラブレター」なんです。すべての項目がその目的のためです。項目ごとに一つのエピソードを入れ，あなたの売り込みたい側面について熱意をもって書き，一つのまとまったストーリーにしましょう。

まず、**エントリーシートは自分を売り込む手段**だということを理解して、書いてください。エントリーシートで「志望動機」「自己ＰＲ」「今までの取り組み」などについて書くことが期待されています。仕事をすることをしっかり考えた経験をあまりもっていない皆さんにとっては、このような課題は、極めて難しい課題であり、**どのように書いてよいかわからず、悩むことになります。それは、ごく自然なことです。「自分でも何をしたいかわからない」「なぜ、その企業に就職したいかわからない」**と思っているのなら、**企業が求めていることに対して応える形で書くしかない**と思います。その意味では、エントリーシートを書くということは、**「志望動機を作る作業」**です。自分だけの想いを伝えても意味がないので、企業が何を求めているかをしっかりと考えて、その枠で文章を書く必要があります。

就職活動についての本としてベストセラーになった『就活のバカヤロー』に、採用する企業側の視点が書かれています。著者は、「企業の人事は、学生が**何をやったかはどうだっていい**と思っている。それよりも、**どうやったかという中身こそが重要だ**」と考えていると指摘し、「企業にとって必要な人材であれば採用する」（二九頁）という基本姿勢をもっていることに触れ、**就活をしている学生は、「自分のことを理解するには、他人の視点から理解しなければならない」**と、就活する時に他人の視点を理解することが大切であることを指摘しています。**企業側は、「これからがんばれそうな人」を必要としている**（三〇頁）。エントリーシートや面接では、人の真似は不可で、自分のもっているものについて、「自然に話せること」（四四頁）が大切で、

「その人の良さ、その人らしさがちゃんと表れるものであればよい」とアドバイスをしています。だから、エントリーシートでは、自分を売り込むために、企業側の視点を十分理解したうえでなければいけないのです。

では、どのような項目を書けばよいのでしょうか。

『内定の常識—就職活動前に知っておきたかった五二のこと』という本を書いたキャリアコンサルタント田口さんは、エントリーシートで聞かれる三大テーマ、一、自己PR、二、志望動機、三、学生時代に頑張ってきたことを整理しておくことが重要だと指摘しています。また、エントリーシートで基本的に聞かれる質問項目について、楠木さんも簡潔にまとめています。

①「自己PR」「セールスポイント」「長所と短所」「あなたの特徴」

②「学生時代取り組んだこと」「力をいれたこと」「自信を持って語れること」「成功体験」

③「志望理由」「当社の志望理由（動機）」

④「希望部門」「希望する仕事」「入社後取り組みたいこと」

①②が自分の体験中心で、一枚書けば他社にも転用しやすいもの。③と④とはそれぞれの会社によって書き換えなければならないもので、会社ごとに工夫をしなければならないので、作成が難しいものだと指摘しています。楠木さんは、書き方のアドバイスとして、「一つの主題と一つのエピソード」として、決して多くのエピソードをいれないこと。「何ができる、何をしたか」よりも「自分がどう変化したか」を書くこともまさに重要なポイントだと言っています。

私自身の学生の皆さんにも二百字に多くのことを入れようとしたり、抽象的に書いたりしていることが多く、何が言いたいかわからない場合がよくありました。エントリーシート作成では、**具体的なエピソード作りは重要なポイント**でした。

エントリーシートに個人的エピソードを入れる時に注意しなければならないことは、**個人的体験が、自分の適性、能力といかに関係するか**を強調して書く必要があります。その時に、何らかの**具体的なあなただけのエピソードも探し出して、**関連させて書くことです。そして、そこで書いたことで自分が何を企業に伝えたいかをはっきりと意識して書くことが重要です。さらに、事実を描写的に書くのではなく、**自分の可能性、潜在能力をアピールするためにこそ、「自分がどう変化したか」を書くべきです。**

就職活動のプロたちの言っていることに加えて注意すべきことは、①や②は他社にも転用できることが多いのですが、**自分の体験の何を選ぶかと、志望する会社によって工夫をしないとミスマッチが起きる**ことがあります。**応募するすべての企業にまったく同じものを使ってはいけないということをしっかりと認識すべきだと思います。**それぞれのテーマについて、具体的なエピソードを入れて書く必要があります。そして、志望企業の特色に合わせていくつかのパターンを準備する必要があります。また、「頑張ってきたこと」を書く時に、自分がどのように変化したかを中心にまとめるのですが、応募する企業に従って、「何をどのように学んだか」の内容が変わるべきだと理解して、企業に応じて変えるべきで、同じものを使うことはできないと考えた方がよいと思います。

そして、**もっと重要なことは、エントリーシートの全ての項目の内容が相互に関連して、自分のどういう点をアピールしたいのかを戦略的に書かなければいけないこと**だと思います。長所で、チャレンジ精神を言いながら、体験では、協調性を示すものを書いても印象が薄くなると思われます。ですから、**エントリーシートは一つのストーリーと**

して論理的につながっていなければならないのです。

さらに、大切なことですが、楠木さんも指摘しているように、エントリーシートでは、「面接をイメージして自分の得意なネタを探す」ことです。**エントリーシートは面接へのパスポートにすぎません。**そのパスポートの中に面接でアピールしようと思う点が仕掛けられていないと、面接で何も言えなくなると思います。その意味ではエントリーシートを書きながら、面接の準備をしているのです。

次に、**自分なりに満足できるエントリーシートを完成しても、そのまま提出しないこと**が重要です。だれか信頼できる人に必ず見せることが大切です。ゼミの先生でもいいし、お父さんやお母さんでもいいと思います。その人たちに見せる理由は、一般の人に読める文章になっているかどうかをチェックするためです。エントリーシートを「就活マニュアル本」などを参考にして書いていると、他の人には異様に思える文章になってしまう場合があるので、感想を聞くだけでも文章が大幅に改善されると思います。

最後に大切なことは、エントリーシートのすべての項目を通して、自分をどのように売るかを考えて、**自分らしい、自分にしか書けない文章**を書き、「就活マニュアル本」にあるような典型的なエントリーシートとは異なったものをめざしてください。エントリーシートで「不採用メール」を受け取ってしまうのは、一般的には、**文章として読めない場合、借りてきた文章をちりばめただけの場合、文章として一貫性がない場合**が多いと思います。そのようなエントリーシートさえ避ければ、相当の倍率でない限り、エントリーシートの段階で「不採用メール」を受け取ることはないと思います。

（２）面接についての基本

面接に臨む前に次の質問を考えてみてください。

①面接の**目的**は何ですか。
②どのような**種類**の面接がありますか。
③どのような**質問**がされますか。
④どのような**準備**をすればよいですか。
⑤どのような**態度**で臨むべきでしょうか。

面接について大切なことは、**「面接は面接官との対話です。だから、その場で質問に適切に答えることが基本」**ということです。エントリーシートに「志望動機」を論理的に説得力のある文章を書いているから大丈夫だと思っているなら、それは間違いだと思います。エントリーシートに書いたことをそのまま言うだけでは、面接には不十分です。いかに言うべきかについてある程度練習する必要があります。学生の皆さんと面接の練習を一緒に行って、面接は練習すればするほどうまくなるということを、この数年間実感しています。まったく自分の言いたいことが言えなかった人が、二日間練習するだけで別人のようにうまくなったということを何度も見てきました。

まず、面接とは何かについて、就活のプロたちが言っていることを確認しておきましょう。

大学で就職活動をゼミの中心的テーマとして授業を行っている西山さん（二〇一二年）は**「就活はプレゼン大会ではなく言葉のキャッチボール、つまりコミュニケーションという点。**自己アピールに夢中になり、まわりが見えないのはダメです。相手の目を見て、動きを見て、話し方を臨機応変に変えて言葉をやりとりすることが就活です」（二〇一二年、一八五頁）と言っているように、面接では、**面接は、面接官との対話が目的だと指摘しています**。では、どのような面接の種類があるのでしょうか。段階的に考える必要があります。

面接の段階によってポイントが異なるという点は学生の皆さんから、面接での話として聞いていたので、それを十分に理解し、それなりの模擬面接もやっていたのですが、田口さんの分類は簡潔で、適切だと思いますので、見てみましょう。「**簡潔に言えば、一次面接では人柄、二次面接では仕事の適性や可能性、最終面接では熱意が見られています**。特に、熱意や意欲を伝えることが難しく、最終面接まで進んでも何度も落ちてしまう人がいます」（一七二頁）。それぞれの段階ではそれぞれに合った対策が必要で、それぞれの段階に合わせて、強調するべき点が異なるということをしっかりと覚えておきましょう。

面接している側の視点とは、「一緒に働いて大丈夫か」「面接はキャッチボール」という点。自然な対話ができれば、いい面接だと私もよく言っていますが、それには、それなりの練習が必要だということはすでに書いたとおりです。

次に、楠木さんが言うように、**面接は「回数を重ねないとうまくならない」というのも真実です**。面接というだけで緊張するし、自分が就職したいという気持ちが強くなればなるほど、また、緊張するのが人の常です。ですから、本番を何度も経験することが必要です。ただし、「落ち慣れ」をしないようにしたいものです。

面接をする時は「**目の前の相手だけが対象」という視点も重要です**。会社を代表して面接をしていても、判断するのが面接担当者ですから、目の前の人に気に入られるコミュニケーションが最も重要なことです。「採用の責任者が、自信をもって合否を判定しているわけではありません」という指摘も重要で、**面接はその場にいる人と人の間で行われるものなので、「相性」や「タイミング」「運」に作用されることもあるのです**。

最後に面接担当者が面接している会社について「第一希望ですか」と聞いてきた時に、どのように答えるかは応募者にとっては極めて答えにくい質問です。嘘はつきたくないと思って、「第二希望です」と答えた場合には、ほとんどの場合、不採用になるのではないかと指摘されています。私は**学生の皆さんには、嘘でもいいから、「第一志望です」と元気に熱意をもって言うべきだ**と指導していましたが、楠木さんの文書を読み、再確認し、安心しました。

面接で重要なこととして、「話が長くならないように簡潔に話していれば、どのように話してもよいのです。**一番重要なことは相手を見ながら、その場にふさわしい言葉遣いで相手が満足するように話すことです**」（一三二頁）。そして、簡潔に話せる人は、「**話す内容が整理されており、話し方としては、結論から話す**」（一三二頁）ことが必要だと田口さんはアドバイスしています。このアドバイスはまったくそのとおりだと思いました。何かを明確に伝えようと思ったら、結論から言うというのは、社会科学的な話し方としては常識で、ゼミの授業でのプレゼンの時にもそのように指導しています。しかし、このようなアドバイスを受けて、それをそのまま実行できる学生がどれだけいるのでしょうか。話す時に内容が整理されているのは、当然のことですが、面接のような緊張する場面で話だしたら、整理して話すことは、話すことのプロでなければできないことです。では、具体的にどのようなことをすればよいのでしょうか。

私は、**だいたい聞かれるだろうテーマごとに「引出し」に整理するためにあらかじめ、まとまったストーリーをそれぞれに対して作っておくべきだ**と学生の皆さんに言っています。一般的に予想される質問について、一～二分で話せる原稿をあらかじめ書いておいて、その質問に近いことを聞かれたら、それに対応して適切な「引出し」から出すという形で話すことがよいのではないかと思いました。そして、面接の練習をする時には、学生の皆さんに、それぞれ引出しに入れる文章を作ってもらって、模擬面接ではそれを使って話をするという練習をしました。そうすると、学生の皆さんの多くは、予想した質問がされると、堰を切ったように滑らかに準備してきたことをプレゼンすることになりました。それを聞いている面接担当者にとっては、まさに「覚えてきたことを話している」という印象になり、そのままでは、面接に通過しない結果は目に見えています。

良くない面接の典型

良くない典型的な面接は、**エントリーシートに書いたことを暗記して面接に臨むことです。**暗記したことをそのまま言うと、面接での「対話」が一方通行になり、対話にならず、**文章を棒読みしているという印象を与えます。**完璧に暗記して、きれいな言葉、正確な表現で言っているにもかかわらず、本人が話している雰囲気がまったく感じられないことがよくあります。本人としては、暗記してきたことをうまく言えたと思っても、聞いている面接官からすれば、**「うまく読めた」程度に理解される**だけで、**発せられた言葉に、感情が乗っていない**と理解されます。面接官にしてみれば、似たような「志望動機」を多く聞くわけですから、最初の一分もしないうちに、「読んでいる」と感じ、その場でその面接の評価が悪くなると思います。そんなことにならないように、**その場で本人が自分なりの表現で、話しているかのようにするための練習が必要**になると思います。

では、どのように練習すればよいかについて、私自身が学生の皆さんと一緒に行って効果があった方法を紹介します。これが唯一の方法とは思いませんが、多くの場合、効果がでたものです。

（３）面接のための具体的な練習方法

面接練習の第一のステップ

何も練習していない状態で、**誰かに模擬面接をやってもらいます。**できるだけ本番モードで、真剣な態度で模擬面接を行います。いままで、就職についていろいろ考えてきたはずですので、何か言えると思い模擬面接をしてみると、たいていの場合は、その状況に緊張して、何も言えなかったり、うまく言えなかったりします。エントリーシートにはどうにか、自分の動機や自己ＰＲは書けても、それを口頭で言おうとすると、どのように言ってよいかわからなくなる段階です。そこで、もう一度何を言いたいのかを考える段階です。

第二のステップ

第一のステップで、何も言えなかったことを反省して、自分で工夫して練習をして、もう一度、模擬面接をやってもらいます。**この段階では、エントリーシートを暗記し、それなりに、発言ができるようになる**と思います。しかし、先ほど言ったよくない典型的な例になる場合が多い。すなわ

マモル君の就職実践アドバイス⑦

面接のための３ステップ

ステップ１：模擬面接をして，緊張感を味わう
　　　　　＝流暢に話せないのは当然のこと
↓
ステップ２：話すことを覚える
　　　　　＝棒読みの質疑応答，プレゼンになる
↓
ステップ３：覚えたことを30回以上鏡の前で練習
　　　　　＝答えるべき内容を自分言葉で話す
↓
めざすべきもの：面接官との対話
　　　　　　　話を聞いて質問に答える

ち、暗記したことを棒読みしてしまう場合が多いのです。そこで、模擬面接をしてみると、**自分が自分の表現で話せていないことを自覚する**と思います。エントリーシートの表現を何度も繰り返し考え直したので、その表現を変えることができなくなってしまうのです。それに、書き言葉と話し言葉の違いを自覚せずに、しっかりと覚えたことを言えば、それで相手に伝わると考え、思い出しながら話してしまいがちです。**面接では、対面している面接官の目を見て話すべきなのですが**、エントリーシートに書いた言葉を思い出そうとして、相手の目を見る余裕などもなく、目がある一点を見つめるような話し方になります。それは、面接では、**「対話」ではなく、相手を無視したプレゼンにすぎないのです**。

第三のステップ

この次の段階でやる準備としては、エントリーシートに書いてあることを**「鏡に向かって自分の姿を見ながら、大きな声で音読をする」方法**が良いと思います。ここで、敢えて音読と言いましたのは、**暗記することを目的としない**ということです。**大きな声で音読し**自分の言いたいことを発音することで、自分に聞かせながら、自分の気持ちの中で消化し、**「自分の熱意」**を創れるようになります。暗記していた場合は、一行あるいは、一言でもエントリーシートに書かれていなかったことを言ってしまった場合、気持ちが焦りますし、正しい言葉を思い出すしぐさが出てしまします。**大きな声での音読は、暗記を目的せず、自分の言いたいことのエッセンスを内面化するプロセス**なので、もっとも重要なキーワードしか残らなくても、実際の面接の際に、それを再構築し、自分の表現として自然に発することができるようになります。そこで、大切なことは、五回あるいは、十回では、その心理状態にはならないということです。

「自分自身に質問し、それに対して自分自身で答える練習を鏡に向かって三十回以上してください」と学生の皆さんに言っています。その練習を通して、私が学生の皆さんに理解してほしいことは、まず、整理された内容を何度も繰り返すと、演技をしているという不自然さは残りますが、十回以上続けると、それぞれの内容が自分のものになり、自分自身の自然な表現として身に付くようになるということです。最初は、原稿を見て鏡に向かって話をするということになります。そして、次の段階は、暗記してそれを言うことになります。それを何度か繰り返すうちに、暗記したことにそれなりのアドリブを付け、「鏡に映った自分」に語りかけるような話し方になると思います。俳優がドラマや映画でその人を演じきっているのが自然に思えると同じように、何度も繰り返すことで、**「演技をしている自分」を越え、「自然に話す自分」に変わることがあるようです。**そして、何度も繰り返して話すことで、**テーマごとのキーポイントを「引出し」から出す**出し方が自然になり、あたかも今自分が思っていることを話しているようなしぐさになります。

自然に話せない学生の皆さんも私が言ったことを信じて、「二時間～三時間練習すると、最初馬鹿らしいと思っていた練習が楽しくなり、ジェスチャーも自然な形ででるようになり、面接を通過することができました」という学生が少なくとも数人以上はいました。三十回以上練習をした後の学生の自然な話しぶりへの変貌に、アドバイスした私自身も驚かされることがよくありました。

しかし、そのような練習のメリットは、単に、整理された引出しを作ることだけでないようです。面接を想定し、三十回以上もその過程をくりかえすので、志望動機が明確になり、自己ＰＲがどんどん本気モードになります。その結果、本当に志望している企業で内定をもらいたいという気分がどんどん高まることになります。それを前日に練習することで、志望動機、自己PRなどの表現の中に「熱意」がでてくることが大いに予想されることです。**自分自身に「本気なんだ」と言い続けるこの練習は、志望企業に就職したいという「本気さ」や「熱意」を生み出し、自然に表現してしまう、**態度形成にもなっているのです。

大手銀行の最終面接で内定をもらった一人の学生の声。

夜十二時から朝三時まで面接の練習をしました。夜十二時よりもっと早くやっていればよかったのですが、それも私の性格なので。それでも三時間しましたから。最初は「バカなことやっているなあ」と思っていましたが、やっているうちに楽しくなってきました。練習しながら、**それほどバカになってまでも入りたい思う会社に出会ったことは大きい**ということでした

と練習していくなかで「自分に合った会社」に出会えたのだと実感し、その結果、面接に通ることができたと言っていました。練習しながら、そして、それぞれの段階ごとの面接で、本当に入りたい会社に就職したいという自分の志望の気持ちを高めていった経験をしたのだと思います。模擬面接をするために、自分の言いたいことを音読することで、「**かつて話した経験**」を自分の中に内面化することができるであろうし、何度も音読することで、女優のように演技しながら、**演技でないような自然態度、発言**ができるようになるのです。

（4）面接の本番では

最後に、面接で最も大切なのは、**「前向きな私を演出」**し、**「自分の熱意」を相手に伝える**ことだと思います。それを伝えることが一番大切なので、少し言い間違いがあったり、論理的に話せなかったりしても問題はないという前提で面接に臨めばよいと思います。あなたが、体全体で、時には、ジェスチャーを交え、いつもとは異なる大きな声で発言し、**「あなたの情熱」**を伝えることができれば、それで目的が達成されるのです。人事担当をしているという卒業生が、「先生、面接は、最初の印象の数十秒で決まるのですよ」と言っていました。それは、単に見た目で決まるということではなく、**その人が発している「思いの強さ」「熱い気持ち」**をその人のもつ雰囲気に感じたからだと思います。その一瞬にすべてのエネルギーをかける集中力は、自分の中で、**「熱い気持ち」**となって表れているのだと私は信じています。**「熱い気持ちなどない」と思う人は、面接の練習をしながら、創りだせば、心の中に、必ず、生まれてくるものだと思います。**練習の効果を実感してみてください。

六節　この本の結論

就職活動に臨む時に一番大切な態度は、**「就職活動は、単なる職探しではなく、これからのあなたの生き方を考える貴重なチャンスだ」**と考えることです。この就職活動の経験を通して、いろいろな人とも出会い、自分が何者であるかを、より理解できるようになると思います。

就職先を決めるということは、「将来の居場所」「働く場所」を決めることですから、自分が働きやすいところであるべきで、決して、世間的評価によって就職先を決めてはいけないと思います。そのためにも、まずは、**「自己分析」**が重要だということを言ってきました。ただ、自分の適性を理解できたとしても、就職先がどのようなところかを知らなければ、そこが「あなたにとっての最良の職場」にはならないと思います。そのために、次にやるべきことは、**ホームページだけに頼らない、「企業研究」が必要だ**ということを書いてきました。第三に、特定の企業を選ぶ時に、そこでどのように、どれだけ働くかを考える必要がありますが、その時、**女性として、今後どのように人生を送りたいかを真剣に考える必要がある**と指摘しました。伝統的役割の枠で、短期的に就職し、その後は、専業主婦になると考えているのか、あるいは、キャリアに生きる人生を思い描いているのか、の間で、今の日本社会の女性の目の前にある多様な選択肢を考えながら、今後の人生をどう生きるかという長期的な視野も必要だと思います。第四として、就職活動が始まる前の準備として何をすべきかについても触れました。**ゼミへの積極的参加、バイトから学ぶ、さらに、インターンシップなど**他の学生が行わなかったことを体験することなどの重要性について触れました。そして、最後に、**実際の就職活動での実践的なヒント**として、エントリーシートの書き方、面接の準備と臨み方などについて、就職活動をしていた学生の皆さんの経験から学び、一緒に練習した経験から重要な点を簡単にまとめてみました。

　さて、最後に、学生の皆さんの「就活物語」を聞き考えたことを読者へのメッセージとして書き、この本の結論とします。

マモル君の就職実践アドバイス⑧

さて結論ですけれど，就職活動はこれからのあなたの生き方を考える貴重なチャンスだと考えてみてください。大変という気持ちにもめげないで，夢を叶えてください。まわりの人がいつも皆さんを応援してくれていることを忘れないでね。

一．**大学から社会人になるステップは今までとは異なる段階です。**これからは、社会人、一人の大人として責任ある立場になり、自分でものを考え、判断して行動しなければならないと思います。そんな時、この就職活動で経験した**「人生をかけた戦い」を忘れない**でほしいと思います。単位を簡単にとって、バイトも適当に行っていた日々とは違った世界に進むのですから。

二．学校の中で過ごしてきた日々は、他人から何かを与えられるものだったと思います。これからは、自ら、社会に働きかけ、何らかの貢献をすることが期待されます。しかし、現実は、「利益追求」組織に属し、活動するという枠でしか仕事はできないと思います。その中で共に働く人々と協力し合いながら、個人としても何かを達成する喜びを経験しながら生きることはできると思います。大学のような「自由の世界」ではないので、責任と義務で「不自由」を経験すると思いますが、その**「責任と義務」を果たすことは、大人としての役割**だと、その**現実を受け入れ前向きに頑張れる人になってもらいたい**と願っています。

三．そして、たぶん、一番大切なことは、**「ワクワク」する気持ちを忘れずに、大きな夢、小さな夢をもちながら生きてもらいたい**と思います。期間の限られた就職活動でも、人に評価されること、自分の思いどおりにならないこと、落ち込んだりすること、絶望を感じたことなどを経験したと思います。これからも同じように、つらく思ったり、苦しいと思ったりすることがあると思います。**人生にはポジティブな面とネガティブな面が共存している**と思います。ネガティブな側面をポジティブに意味づけをしていく積極的な態度で生きていれば、**人生の中の「不幸」が「幸福」になる可能性がある**と思います。**皆さんの就職活動を単なる「一時的な儀式」で終わらせず、この体験で学んだことを一生の宝として大切にしてもらいたい**と願っています。

参考文献

アトキンソン、ロバート　二〇〇六年（塚田守訳）『私の中にある物語』ミネルヴァ書房
石渡嶺司・大沢　仁　二〇一〇年『就活のバカヤロー　企業・大学が演じる茶番劇』光文社
楠木　新「自己分析って何？」http://www.asahi.com/job/2011/nani/（朝日新聞社）
田口久人　二〇一〇年『内定の常識 就職活動前に知っておきたかった五二のこと』ダイヤモンド社
西山昭彦　二〇一二年『西山ゼミ就活の奇跡』プレジデント社

あとがき

私は三年とちょっと浪人生活をしていました。「浪人生活」に二度と戻りたいとは思いませんが、「不安とチャレンジ精神」の間で葛藤し、張りつめていた日々は、今の私の「原点」のような気がします。その日々の中で友達に支えられながらも、一人で孤立感に苦しみながら、「頑張っていた自分」を今はいとおしく思います（ちょっとナルシスト的ですが）。孤立していた日々のなかで、友達に長い手紙を書き、不安な気持ちを聞いてもらい、応援メッセージを受け取り、自分をあきらめずに生きることができたように思います。

そんな経験が大学生になってから、家庭教師でうまく活用されました。家庭教師歴一四年間で教えた生徒一六名、中学一年生から三浪生まで。その中に留学先のハワイでも一家族の三人兄弟もいました。ほとんどが受験をめざしていた彼らでした。すべての生徒に共通した特徴は、親から「できの良くない子」と否定的に言われていたことです。私が教えていて思ったことは、それぞれの生徒は「できの良くない子」ではなく、「潜在能力を発揮していなかった子」でした。いつも否定されたことで、自信と意欲を失っていました。浪人時代に自分を「できの良くない人間」と思い孤立してしまっていました。そんな時に誰かが褒めてくれていたら、自分はもっと頑張れたのではないかという気持ちが強くありました。だから、私が家庭教師としてやったことは、生徒たちの「心の声」に耳を傾け、その生徒たちを否定せず、褒めることでした。あまり褒められたことがない生徒たちは、最初は、疑心暗鬼な態度で私に接していました。「何をしても褒める」「良いところを見つけて褒める」を徹底的に続けると生徒たちに少し笑顔が出てきました。そこからは、「次回までの宿題、どこまでにする？」と聞き、生徒たちが自主的に「やる」と言った分だけ約束し、その日の家庭教師を終え、次の回では、やれたことをまた褒める（たとえ、約束したものの半分以下でも）。そんなことを続けることで、ほぼ全員の成績が伸び、志望校に合格していきました。「先生、受かったよ。ありがとう」、この一言を毎年聞き、感謝されたことに喜びを感じた経験をたくさんしました。

大学に勤めるようになって、最も時間とエネルギーをかけているのは卒業論文指導です。この二四年間、卒業論文作成を指導で、学生たちが「問題」を設定し、その問題について研究したうえで、論理的な文章を構築する作業を共にしながら、社会学的なものの考え方を学んできたように思います。しかし、同時に、大学に勤めるようになっても、ゼミ以外の場所での「家庭教師的喜び」は私の教師生活の重要な部分でした。教職試験の受験勉強、大学院入学、海外大学・大学院留学のための支援、英語のスピーチコンテストの準備、ＴＯＥＩＣの得点アップ支援などです。一人あるいは数人と一緒にそれぞれの「受験」までの日々を支援する。一人ひとりのニーズや希望をしっかりと聞き、それぞれに合った勉強法、準備方法などを一緒に考えながら過ごし、「先生、受かったよ。ありがとう」の一言を聞くまでのプロセスを楽しみ、喜びを感じることがよくありました。大学で正式に授業を教える以上にこのような個人的な活動を楽しんできています。具体的な目標を決め、その目標達成するプロセスを経験すること、「不安とチャレンジ精神の間で葛藤する人と共に生きること」は、私の生きがいと言えるかもしれません。

この本の内容は、学生たちの「就活物語」とそこから学んだ就職活動への私なりの考え方をまとめたものです。しかし、それは、私の「家庭教師的」活動だとも言えます。私がかつて教えた生徒たちのように就活生もまた、就職活動の真っ只中で、「不安とチャレンジ精神の間」で葛藤していました。大学教師をしながら表面的に観察した学生たちは、キラキラとして、悩みもないように見えていました。しかし、就職活動は、彼女たちにとって、「人生で初めての最大の試練」でした。そんな学生たちの、「どうしてよいかわからない不安の悩み」に耳を傾け、「何が問題なのか」「何をしたいのか」を理解し、彼女たちの具体的な目標がわかりました。それを目標として、それぞれが戦っている姿にエールを送り、指導教員（家庭教師）として、それぞれに合った「戦い方」を一緒に考え対策を実行し、目標を達成し、「先生、受かったよ。ありがとう」という一言を聞くまでの就職活動のプロセスを一緒に体験してきました。そのプロセスを通して苦しみながらも、外見的なキラキラとは違う、内面的なキラキラも身につけ、たくましくなっていった彼女たちに、私は勇気づけられ、「私も頑張ってみたい」という気持ちになれることがよくありました。そのような勇気とエネルギーを与えてくれた、就職活動支援という形で関わった一人ひとりの学生たちに「ありがとう」と言いたい。また、このような形で自分の就活体験談を書き、話してくれ、非常にプライベートな話や自分のネガティブな面、体験を通して得た情報を共有し、この本作成のプロジェクトを実現させてくれた皆さんにお礼を言いたい。この本はあなたたちと私の「共同作品」です。

このプロジェクトに具体的に関わった人たちにお礼を言いたいと思います。

まず、熱心で有能な編集委員の二人、学生だった瑞岩典子さんと岡田里奈さんに一言お礼を言いたい。たぶん、彼女たちの「ダメだし」がなかったら、もともとの本だった『就職活動のさまざまなストーリー――二〇人の女子大生のキャンパスライフと就職活動――』（全三一四頁、私家版）をここまで書き直すことはなかったと思います。

さらに、この本の作成プロジェクトに参加してくれた学生の皆さん、大学関係者、アンケートに協力してくれた皆さんなどすべての人にお礼を言いたい。二〇一一年度のゼミ二十名の学生の皆さんがいなければ、このような本作りなど考えませんでした。こんな企画に参加してくれた皆さんに感謝します。ただ最初の「本」の段階で二〇一一年度ゼミ生二〇名全員のものをストーリーとして書き掲載しましたが、この本ではその一部の人たちのものだけしか掲載しませんでした。この本に入れることができなかった人たちのストーリーからも私は多くのことを学んだということを最後に明記しておきたいと思います。

そして、厳しい就活で学んだことを活かして、皆さん全員が職場で活躍されていることを心から願っています。

最後に、出版事情が難しい時期にもかかわらず、このようなテーマの本に興味をもってくださったナカニシヤ出版の宍倉由高さんに感謝申し上げます。

塚田　守

平成二五年四月一日

編著者紹介

ツカダ　マモル（塚田　守）

一九五二年生まれ

現職　椙山女学園大学国際コミュニケーション学部教授

経歴

一九八一年広島大学大学院修士課程修了（アメリカ研究）

一九八八年ハワイ大学大学院博士課程修了（社会学）ＰｈＤ

一九八八年アメリカ合衆国イーストウエストセンター研究員

一九八九年椙山女学園大学文学部専任講師として着任

主要な著書・翻訳

『受験体制と教師のライフコース』（一九九八年）、『浪人生のソシオロジー』（一九九九年）、『女性教師たちのライフヒストリー』（二〇〇二年）、『浪人だった頃』（二〇〇三年）、『教師の「ライフヒストリー」からみえる現代アメリカ社会』（二〇〇八年）、翻訳ジューン・ゴードン『マイノリティと教育』（二〇〇四年）、ロバート・アトキンソン『私たちの中にある物語』（二〇〇六年）

就活女子
2013年8月20日　初版第1刷発行　（定価はカヴァーに表示してあります）

編著者　ツカダ　マモル（塚田守）
発行者　中西健夫
発行所　株式会社ナカニシヤ出版
〒606-8161　京都市左京区一乗寺木ノ本町15番地
Telephone　075-723-0111
Facsimile　075-723-0095
Website　http://www.nakanishiya.co.jp/
E-mail　iihon-ippai@nakanishiya.co.jp
郵便振替　01030-0-13128

装幀＝白沢　正／印刷・製本＝ファインワークス

ISBN978-4-7795-0784-7 C0037